mentor Lernhilfe

Mathematik

8. Klasse

Funktionen, lineare Gleichungen und Ungleichungen, Stochastik

Rolf Baumann

Mit ausführlichem Lösungsteil

mentor
Eine Klasse besser.

Über den Autor:

Rolf Baumann, Dozent und Lehrgangsleiter für Mathematik und Physik an der Volkshochschule

Redaktion:
Dr. Hans-Peter Waschi, Holzkirchen

Illustrationen:
Sabine Völkers, Berlin

Layout:
Sabine Nasko, München

www.mentor.de

Umwelthinweis: Gedruckt auf chlorfrei gebleichtem Papier.

Satz/Repro: Druckhaus „Thomas Müntzer“, Bad Langensalza
Druck: Mercedes Druck, Berlin
Printed in Germany
ISBN-13: 978-3-580-65624-9
ISBN-10: 3-580-65624-4

1. 2. 3. 4. 5. * 10 09 08 07 06

Inhalt

Die folgenden Buttons helfen dir bei der Orientierung:

Test – Näheres zu den **Einstiegstests** findest du auf Seite 6.

Definition – **Definition** legt fest, was ein Begriff bedeutet.

Regel – **Regel** bringt eine mathematische Gesetzmäßigkeit zum Ausdruck.

Merke! – **Merke** – klar: Das musst du dir merken!

Tipp – **Tipp** gibt dir Hinweise und Anleitungen.

! – **Achtung!** Pass auf, dass du hier keine Fehler machst!

Willkommen!

Hallo, liebe Schülerin, lieber Schüler,

du willst etwas für bessere Noten in Mathematik tun?
Gratuliere – damit hast du den ersten Schritt schon geschafft!

Bei den weiteren Schritten wird dich diese mentor Lernhilfe aktiv unterstützen. Denn dieses Buch ist anders als dein Schulbuch oder andere Übungsbücher:

- Du findest hier besonders **ausführliche Erklärungen**, die dich in leicht verständlicher Weise zu den Regeln und zu den richtigen Ergebnissen führen: Denn nur so kapierst du's wirklich!
- Du kannst **den Stoff selbst in die Hand nehmen**, da du immer wieder aufgefordert wirst, im Text Lücken .... auszufüllen oder dich zwischen zwei *kursiv* gedruckten Begriffen zu entscheiden, z. B. *Pluszeichen* / *Minuszeichen*. So kannst du immer gleich überprüfen, ob du den Stoff wirklich verstanden hast, und liest nicht versehentlich über wichtige Dinge hinweg.
- Im **Lösungsteil** findest du alle Lücken- und Streichwörter und zu vielen Aufgaben nicht nur das Ergebnis, sondern auch den Lösungsweg. Aber nicht spicken – immer erst selbst nachdenken! Nur so lernst du wirklich etwas dazu!
- Jedes Kapitel beginnt mit einem **Einstiegstest**. So kannst du überprüfen, ob du es durcharbeiten solltest oder ob du bereits so fit bist, dass du es überblättern kannst.

Viel Erfolg wünschen dir

Rolf Baumann

und der mentor Verlag

Die Einstiegstests

Jedes Kapitel beginnt mit einem Test, mit dem du deinen Wissensstand überprüfen kannst – und zwar am besten zweimal: bevor du das Kapitel durcharbeitest (vielleicht kannst du es ja sogar auslassen?) und danach nochmals, damit du siehst, was du dazugelernt hast.

Und so funktioniert's:

- Arbeite auf einem Extrablatt, damit du den Test zweimal machen kannst.
- Löse zuerst *alle* Aufgaben, bevor du deine Ergebnisse kontrollierst.
- Entscheide selbst, wie viele der angegebenen Punkte du für jedes deiner Ergebnisse bekommst.
- Addiere deine Punkte und vergleiche mit der Tabelle. In jedem Test gibt es maximal 72 Punkte.

72–61 Punkte	Gratuliere, du bist fit in diesem Kapitel und kannst es ruhigen Gewissens überspringen.
60–45 Punkte	Immerhin! Du hast zwar einige Fehler gemacht, aber das Durcharbeiten der Abschnitte, bei denen dir im Test Fehler unterlaufen sind, wird dir leicht fallen.
44–31 Punkte	Na ja ... Einiges ist hängen geblieben, anderes vergessen. Damit du eine solide Grundlage für die nachfolgenden Themen hast, solltest du dir für dieses Kapitel auf jeden Fall Zeit nehmen.
30–0 Punkte	Oh je ... Du hast bei diesen Themen große Schwierigkeiten. Arbeite das Kapitel sorgfältig durch. Bei der Wiederholung des Eingangstests wirst du dann sicher weit besser abschneiden.

Noch ein Tipp: Bevor du den Test zum zweiten Mal machst, kannst du dir überlegen, wie viele Punkte du insgesamt erreichen möchtest. Vergleiche dann mit deinem tatsächlichen Ergebnis. So lernst du dich immer besser selbst einzuschätzen und siehst auch, wie viel besser du geworden bist!

Relationen und Funktionen

1. Geradengleichungen

Gegeben sind die Punkte $A(-2\,|\,-4)$, $B(4\,|\,8)$, $C(-6\,|\,7)$ und $D(6\,|\,1)$.

a) Bestimme die Gleichung der Geraden g, mit $g = AB$. 7 P.

b) Bestimme die Gleichung der Geraden h, mit $h = CD$. 7 P.

c) Bestimme die Schnittpunkte der Geraden g mit den Koordinatenachsen (S_{x_g} und S_{y_g}). 7 P.

d) Bestimme die Schnittpunkte der Geraden h mit den Koordinatenachsen (S_{x_h} und S_{y_h}). 7 P.

2. Graphen von linearen Funktionen

a) Zeichne ein Koordinatensystem mit den Bereichen:
$-10 \leqq x \leqq 10$ und $-10 \leqq y \leqq 10$

b) Zeichne in das Koordinatensystem den Graphen der Geraden p; mit p: $y = 0{,}25x + 2$ 7 P.

c) Zeichne in das Koordinatensystem den Graphen der Geraden q; mit q: $y = -3x + 6$ 7 P.

d) Schraffiere im Koordinatensystem den Bereich, für den gilt: $y > 0{,}25x + 2$ 7 P.

e) Schraffiere im Koordinatensystem den Bereich, für den gilt: $y < -3x + 6$ 7 P.

3. Graphen zur indirekten Proportionalität

a) Zeichne ein Koordinatensystem mit den Bereichen:
$-10 \leqq x \leqq 10$ und $-10 \leqq y \leqq 10$

b) Ergänze die vorgegebene Wertetabelle und zeichne in das Koordinatensystem den Graphen der Hyperbel h_1 ein; mit h_1: $y = \frac{3}{x}$ 8 P.

x	-9	-6	-3	-1	$-\frac{1}{2}$	$-\frac{1}{3}$	$\frac{1}{3}$	$\frac{1}{2}$	1	3	6	9
y												

c) Ergänze die vorgegebene Wertetabelle und zeichne in das Koordinatensystem den Graphen der Hyperbel h_2 ein; mit h_2: $y = -\frac{2}{x}$ 8 P.

x	-8	-4	-2	-1	$-\frac{1}{2}$	$-\frac{1}{4}$	$\frac{1}{4}$	$\frac{1}{2}$	1	2	4	8
y												

Summe deiner Punkte: ....

1. Beispiele und Graphen

Mit diesem Kapitel „Relationen und Funktionen" beginnt ein neuer Abschnitt in der Mathematik, der dich bis zum Ende deiner Schulzeit begleiten wird. Dabei geht es bis zur 10. Klasse meist darum, den Zusammenhang zwischen zwei Größen auch grafisch darzustellen. Die ersten sieben der einführenden Beispiele sollen dich über konkrete Anwendungen zu den abstrakten mathematischen Fragestellungen hinführen.

Beispiel **1. Fiebertabelle/Fieberkurve**

Du weißt sicher, dass im Krankenhaus die Temperatur der Patienten jeden Tag gemessen wird. Um die Messwerte festzuhalten, gibt es zwei Möglichkeiten …

… entweder kann man die Werte in eine Tabelle schreiben:

Name:	Hans Meier						
Datum	9. 4.	10. 4.	11. 4.	12. 4.	13. 4.	14. 4.	15. 4.
Temp. in °C	39,2	39,1	38,7	38,9	38,5	38,3	37,5

… oder man kann mit den Werten eine Fieberkurve aufstellen:

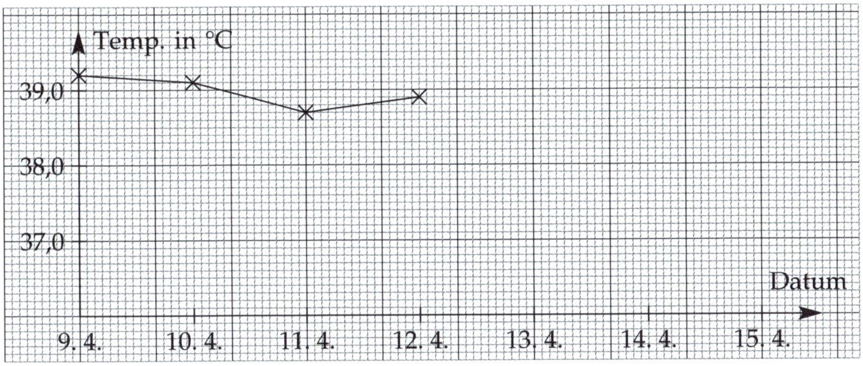

Übertrage dazu die weiteren Werte der Tabelle in das Kurvenschema und verbinde die eingetragenen Punkte.

Die so entstandene Fieberkurve hat den Vorteil, dass man den Krankheitsverlauf mit einem Blick übersehen kann!

In der nächsten Abbildung siehst du die Fieberkurve eines anderen Patienten:

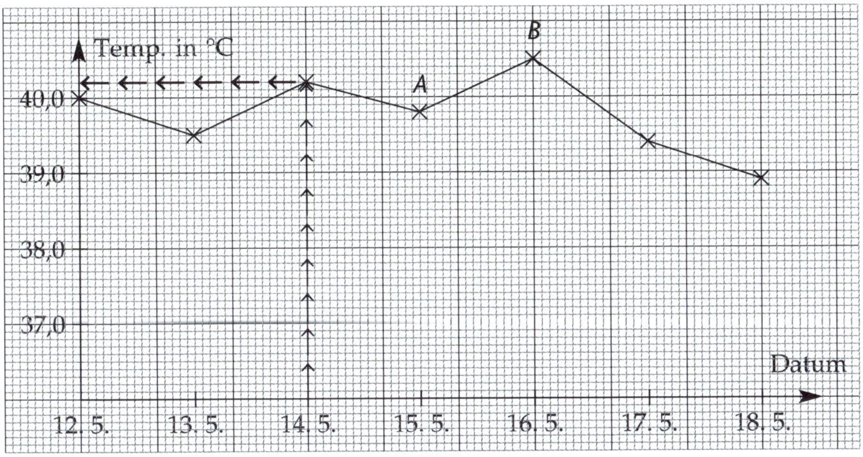

Hier sollst du aus der Kurve für bestimmte Tage die entsprechenden Temperaturen ablesen. Am Beispiel des 14. 5. kannst du die Methode erkennen, wie man den zugeordneten Temperaturwert 40,2 °C abliest.

Am 15. 5. hat der Patient eine Temperatur von ………… °C.

Am 16. 5. hat der Patient eine Temperatur von ………… °C.

Das Achsenkreuz, in das du Werte eingetragen hast bzw. aus dem du Werte abgelesen hast, wird sehr häufig verwendet und hat einen eigenen Namen:

Definition

Ein Achsenkreuz von zwei Geraden, die senkrecht aufeinander stehen, heißt **kartesisches Koordinatensystem** oder auch **rechtwinkliges Koordinatensystem**. Die Ebene wird durch die Achsen in 4 Gebiete zerlegt. Diese Gebiete heißen **Quadranten** und werden von I bis IV durchnummeriert.

Der Schnittpunkt der Achsen heißt **Ursprung**.

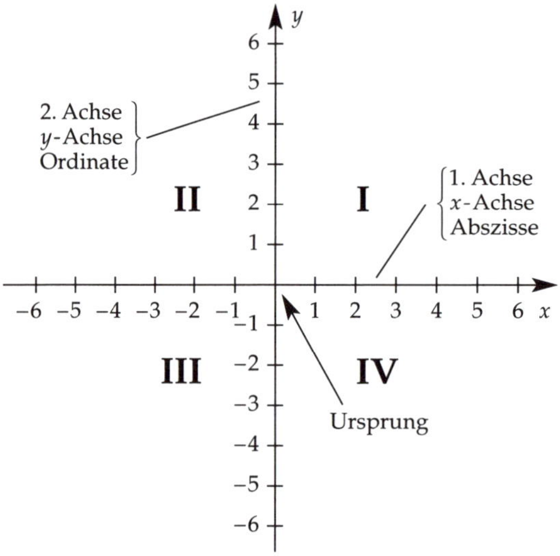

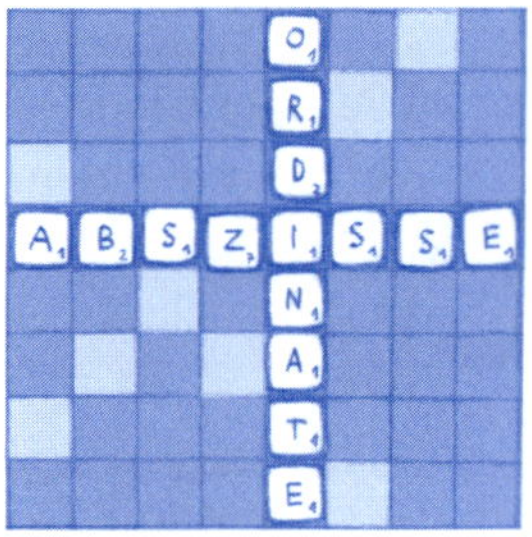

An die Pfeilspitzen der Geraden wird geschrieben, was jeweils angetragen wird – Datum bzw. Temperatur in unserem ersten Beispiel. (Dies sind die Größen, deren Zusammenhang wir grafisch veranschaulichen.)

Die Skaleneinteilung der Achsen hängt vom jeweiligen Problem ab.

Jeder Punkt, den wir in ein Koordinatensystem eintragen, ist durch ein Wertepaar – seine **Koordinaten** – festgelegt.
In der zweiten Fieberkurve hast du zum Beispiel für die Punkte A und B abgelesen:

$$A(15.\,5. \mid 39{,}8) \quad \text{und} \quad B(16.\,5. \mid 40{,}5)$$

Definition

An der ersten Stelle in der Klammer steht immer der **Abszissenwert** (Wert auf der waagerechten Achse), an der zweiten Stelle steht immer der **Ordinatenwert** (Wert auf der senkrechten Achse) des Wertepaares:

$$A(\underbrace{15.\,5.}_{\text{Abszissen-wert}} \mid \underbrace{39{,}8}_{\text{Ordinaten-wert}})$$

2. Mitgliedertabelle

Beispiel

Eine Gruppe von Jugendlichen betreibt Sport in verschiedenen Vereinen.

Antonia	Fußball, Hockey, Tennis
Benjamin	Tennis
Caroline	Judo, Tanzen
Dimitri	Fußball, Tanzen
Eva	Tennis, Judo
Florian	Judo, Fußball, Hockey
Gregor	....
Hanna	....

Auch diese Mitgliedertabelle kannst du in ein Koordinatensystem eintragen. Jetzt stehen an der waagerechten Achse die Anfangsbuchstaben der Namen der Jugendlichen und an der senkrechten Achse die Sportvereine.

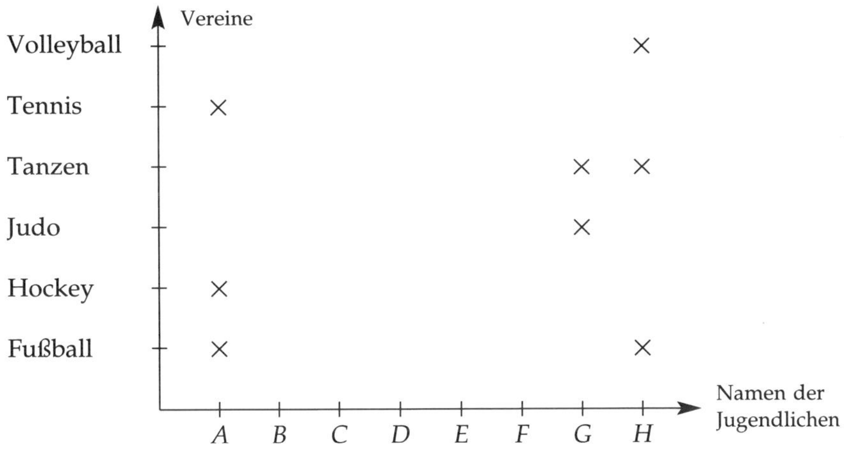

Bei A(ntonia) kannst du die Methode sehen: Senkrecht über A wurden auf der Höhe der entsprechenden Vereine Kreuze eingetragen.

Mache nun weiter bei den übrigen Jugendlichen. (Verbinde aber die Kreuze nicht miteinander!) Lies nun noch die Vereine ab, denen Gregor und Hanna angehören und trage die entsprechenden Vereine in die Tabelle ein.

Beispiel **3. Kontostandskurve**

Es kommt auch vor, dass dir ein Koordinatensystem mit eingetragener Kurve vorgegeben ist, das du „lesen" sollst. Aus dem folgenden Beispiel einer Vermögenskurve kannst du den Kontostand des Bankkunden zu jedem Datum in Juni ermitteln.

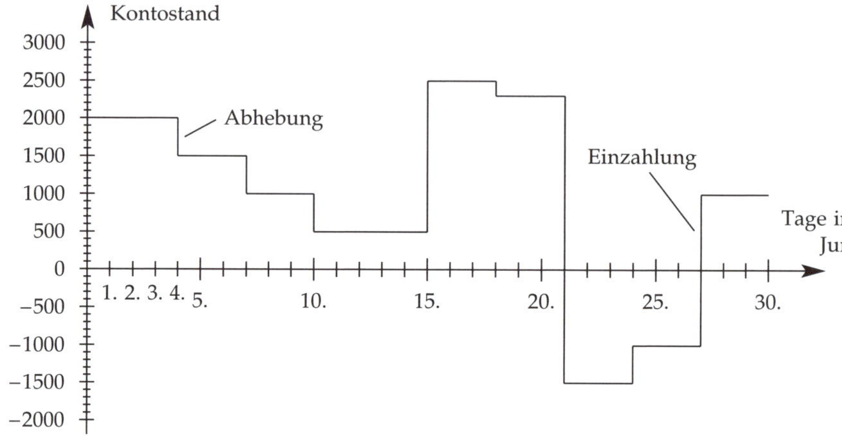

Lies die Kontostände ab und trage sie in die folgende Tabelle ein. Beachte dabei, dass an den Tagen mit Einzahlung bzw. Abhebung jeweils zwei Kontostände auftreten! Entscheide mithilfe der Kurve, welche Art der Kontobewegung an diesen Tagen stattgefunden hat:

Datum	5. 6.	7. 6.	14. 6.	15. 6.	20. 6.	21. 6.
Kontostand	....	1500 / 1000	....	.... /	....	.... / ....
Konto-bewegung	–	*Abhebung/ /Einzahlung*	–	*Abhebung/ /Einzahlung*	–	*Abhebung/ /Einzahlung*

Beispiel **4. Marschkurve**

Zeichne die Marschkurve für eine 4-stündige Wanderung, wenn du bei gleichmäßigem Tempo in einer Stunde 5 Kilometer zurücklegst! Dann legst du in 2 Stunden einen Weg von .... km zurück usw.

Fülle anhand dieser Überlegung die Wertetabelle aus:

Zeit	1 h	2 h	3 h	4 h
Weg	.... km	.... km	.... km	.... km

Hinweis: Trage zuerst die fehlenden Skalenwerte ein und dann die errechneten Punkte.

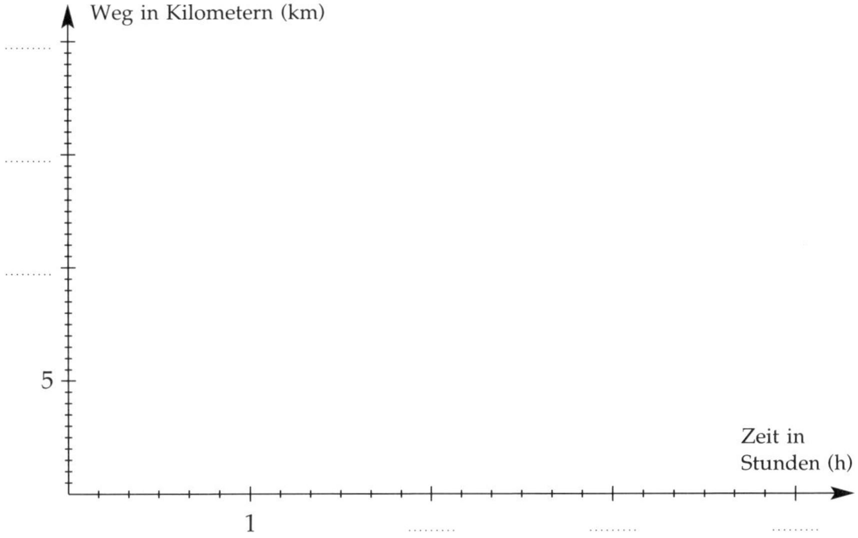

Verbinde nun die Punkte miteinander. (Du siehst: Die Marsch„kurve" ist hier eine Gerade.)

Bevor du aus der Marschkurve Werte ablesen sollst, mach dir die Methode klar:

- Wenn du zu einer **gegebenen Zeit** den zugehörigen Weg finden willst, wenn du zum Beispiel wissen willst, wie weit du in 2 Stunden und 30 Minuten gewandert bist:
  - Suche auf der Zeitachse den **vorgegebenen** Zeitpunkt;
  - gehe senkrecht (nach oben) zur Kurve; gehe von hier aus waagerecht zur Wegachse und
  - lies den zugehörigen Weg ab.
- Wenn du zu einem **gegebenen Weg** die zugehörige Zeit finden willst, wenn du zum Beispiel wissen willst, wie lange du für 8 Kilometer brauchst:
  - Suche auf der Wegachse den **vorgegebenen** Weg;
  - gehe waagrecht (nach rechts) zur Kurve; gehe von hier aus senkrecht zur Zeitachse und
  - lies die zugehörige Zeit ab.

Ergänze mithilfe der Zeichnung:

a) Nach .... sind etwa 12 Kilometer zurückgelegt.

b) Nach 40 Minuten sind etwa .... Kilometer zurückgelegt.

c) Für 18 Kilometer brauchst du etwa .... Stunden und .... Minuten.

d) Für .... Kilometer brauchst du etwa 1 Stunde und 20 Minuten.

Beispiel **5. Arbeitsdauer**

Um das Vereinsheim zu renovieren, brauchen 5 Mitglieder 12 Tage. Fülle die folgende Tabelle aus und zeichne dann die zugehörige Kurve.

Zur Hinführung soll dir dieser Gedanke dienen: Um die Renovierung allein zu schaffen, würde ein Mitglied $5 \cdot 12$ Tage = 60 Tage benötigen. Überlege nun weiter: Wie lange brauchen 2 Mitglieder? Wie lange brauchen 3 Mitglieder? usw.

Mitglieder	1	2	3	4	5	6	10	12	…
benötigte Zeit (in Tagen)	60	....	....	....	12	....	....	....	…

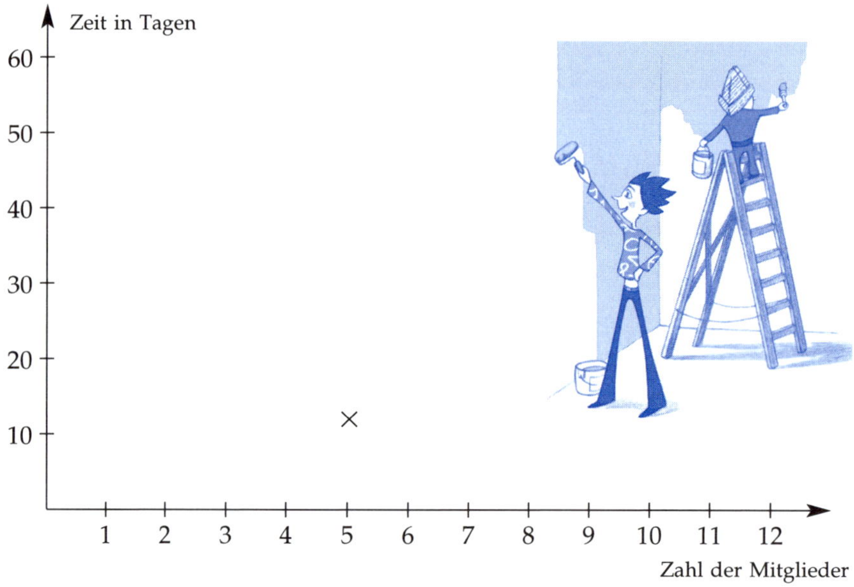

Beispiel **6. Zins**

Nun ein Beispiel dafür, wie vorteilhaft diese zeichnerische Darstellung des Zusammenhangs zwischen zwei Größen sein kann. Damit könnte man etwa die elend langen Aufgabenkolonnen aus alten Mathebüchern leicht lösen. Es geht darum, zu verschiedenen Kapitalien den Jahreszins auszurechnen. Der Zinssatz sei gegeben mit 4 %.

Fülle zunächst folgende Tabelle aus:

Zinssatz 4 %	Kapital in Euro	1000	2000	4000	8000	10000
	Jahreszins in Euro	40	....	....	....	....

Trage diese Zahlenpaare in das Koordinatensystem auf der nächsten Seite ein:

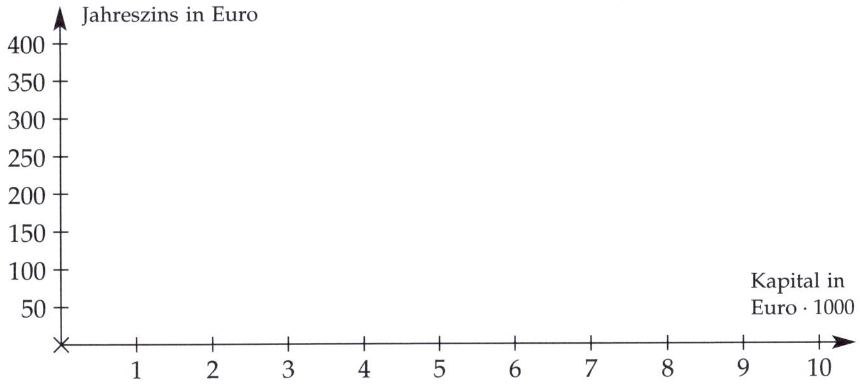

Wenn du die Punkte verbindest, fällt dir sicher auf, dass sie alle auf einer

.... liegen!

Damit gelingt es dir leicht, sowohl bei gegebenem Kapital den Jahreszins auszurechnen als auch bei gegebenem Jahreszins das zugehörige Kapital zu bestimmen.

Überlege und ergänze:

Zinssatz 4 %	Kapital in Euro	2300	....	4500	4800	....
	Jahreszins in Euro	....	160	....	....	350

(Bei allen grafischen Darstellungen sind der Genauigkeit Grenzen gesetzt. Auch hier beim Ablesen der Werte!)

7. Benzinverbrauch

Beispiel

Der Tank meines Autos fasst 40 Liter. Bei einer Testfahrt habe ich den Verbrauch in folgendem Schaubild festgehalten:

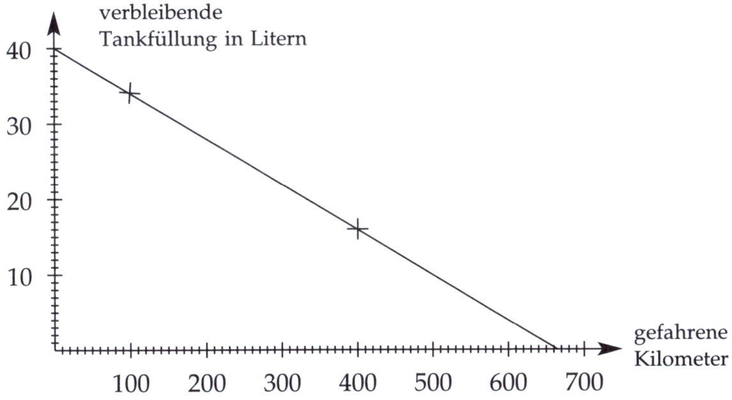

Lies aus dem Schaubild auf der Vorseite ab:

- Nach 100 km sind noch .... Liter im Tank.
- Nach 400 km sind noch .... Liter im Tank.
- Auf 100 km braucht mein Auto also .... Liter Benzin.
- Nach .... km sind noch etwa 5 Liter Benzin im Tank.

Wie in der Einführung schon angekündigt, kommen wir jetzt zu abstrakten mathematischen Beispielen.

Beispiel **8. Gerade**

Berechne einige Zahlenpaare, die folgende Gleichung erfüllen: $y = 3 \cdot x$

Ergänze dazu folgende Tabelle:

$y = 3x$	x	3	2	1	0	–1	–2	–3	…
	y	9	....	....	....	–3	....	....	…

Trage die ermittelten Wertepaare in das Koordinatensystem ein und verbinde die Punkte miteinander:

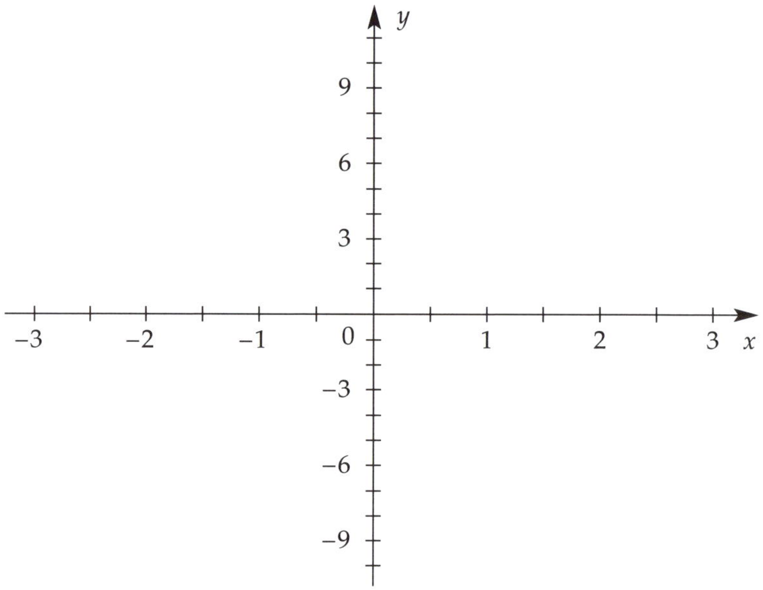

9. Hyperbel

Beispiel

Berechne einige Zahlenpaare, die folgende Gleichung erfüllen: $y \cdot x = 2$

Ergänze dazu folgende Tabelle:

$y \cdot x = 2$	x	$\frac{1}{4}$	$\frac{1}{3}$	$\frac{1}{2}$	1	2	4	6	8	…
	y	8	....	....	....	....	....	....	....	…

Trage die Werte in das Koordinatensystem ein und verbinde die Punkte mit einer möglichst *gleichmäßigen* Kurve – das bedeutet, dass die Kurve keine „Ecken“ und „Spitzen“ haben soll.

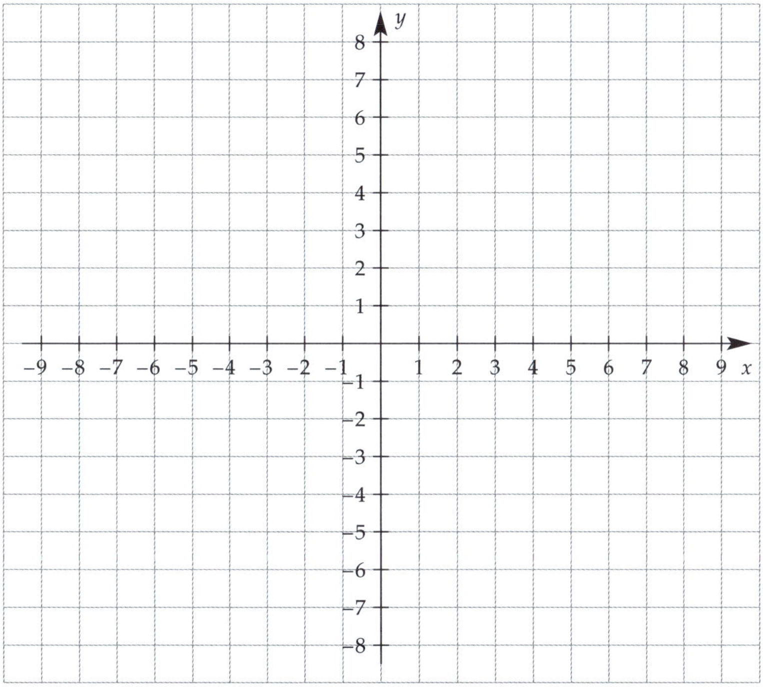

Ergänze nun noch die nächste Tabelle, trage die Wertepaare ebenfalls in das obige Koordinatensystem ein und verbinde auch diese Punkte durch eine Kurve.

$y \cdot x = 2$	x	−1	−2	−4	−6	−8	$-\frac{1}{2}$	$-\frac{1}{3}$	$-\frac{1}{4}$	…
	y	−2	....	....	....	....	....	....	....	…

Das Gemeinsame an allen Beispielen war, dass jeweils zwischen zwei Größen Zuordnungen hergestellt wurden:

zwischen Tagen und Temperaturen (Beispiel 1);
zwischen Jugendlichen und Vereinen (Beispiel 2);
zwischen Tagen und Kontoständen (Beispiel 3);
zwischen Stunden und Strecken (Beispiel 4);
zwischen Zahl von Helfern und Arbeitstagen (Beispiel 5);
zwischen Kapital und Jahreszins (Beispiel 6);
zwischen Strecken und Treibstoff (Beispiel 7);
zwischen Werten für x und Werten für y (Beispiele 8/9).

Die Zuordnungen wurden durch Worte, Zeichnungen oder auch Gleichungen ausgedrückt.

Definition

Die Zuordnungsvorschrift zwischen zwei Mengen M_1 und M_2 heißt **Relation**.

- Im Beispiel 1 mit der Fieberkurve sind die beiden Mengen, die miteinander verknüpft sind, die Tage (M_1) und die Temperaturen (M_2). Die Zuordungsvorschrift bzw. Relation lautet hier:

  Hans Maier hat am … eine Temperatur von … °C.

- Im Beispiel 2 mit der Vereinszugehörigkeit sind die beiden Mengen die Jugendlichen (M_1) und die Sportvereine (M_2). Die Relation lautet hier:

  Der/Die … betreibt Sport im … -Verein.

- Im Beispiel 3 mit der Kontostandskurve sind die beiden Mengen die Tage (M_1) und die Kontostände (M_2). Die Relation lautet hier:

  Der Bankkunde hat am … einen Kontostand von … Euro.

Bei diesen drei Beispielen konntest du sehen, dass man die **Relation** jeweils als **Aussageform mit zwei Leerstellen** schreiben kann.
Und du hast sicher auch bemerkt, dass wir als M_1 immer die Abszissenwerte und als M_2 immer die Ordinatenwerte verwendet haben.

A01 Finde für die Beispiele 4 bis 9 jeweils die Mengen M_1 und M_2 und schreibe die Relationen als Aussageform mit je zwei Leerstellen:

a) Im Beispiel 4 mit der Marschkurve sind die beiden Mengen

……………………… (M_1) und ……………………… (M_2).
Die Relation lautet hier:

Nach ……………………………………………………… zurückgelegt.

b) Im Beispiel 5 mit der Renovierung sind die beiden Mengen

…………………………… (M_1) und …………………………… (M_2).
Die Relation lautet hier:

Für die …………………………………………………………………………… Zeit.

c) Im Beispiel 6 mit der Zinsgeraden sind die beiden Mengen

…………………………… (M_1) und …………………………… (M_2).
Die Relation lautet hier:

Ein …………………………………………… bringt …………………………………………… .

d) Im Beispiel 7 mit dem Benzinverbrauch sind die beiden Mengen

…………………………… (M_1) und …………………………… (M_2).
Die Relation lautet hier:

Nach …………………………………………………………………………… im Tank.

e) In den Beispielen 8 und 9 mit den Gleichungen sind die beiden Mengen

…………………………… (M_1) und …………………………… (M_2).
Lies dir die zugehörige Relation durch:
Für $x = \ldots$ berechnet sich das y nach der Gleichung $y = 3x$ bzw. nach der Gleichung $y \cdot x = 2$.

Die Menge M_1 heißt **Startmenge** oder auch **Quelle** oder auch **Definitionsmenge** $\mathbb{D}$ der Relation.

Die Menge M_2 heißt **Zielmenge** oder auch **Ziel** oder auch **Wertemenge** $\mathbb{W}$ der Relation.

Den Elementen der Startmenge werden durch die Relation Elemente der Zielmenge zugeordnet.

Die zeichnerische – oder auch grafische – Veranschaulichung einer Relation im Koordinatensystem heißt **Graph** (sprich: *graf*) der Relation.

Definition

Die Elemente der Startmenge werden immer an der waagerechten Achse (Abszisse) angetragen.

Die Elemente der Zielmenge werden immer an der senkrechten Achse (Ordinate) angetragen.

Merke!

Falls durch eine Relation **jedem Element** aus der Definitionsmenge $\mathbb{D}$ **genau ein Element** aus der Wertemenge $\mathbb{W}$ zugeordnet wird, so heißt sie **Funktion**.

Definition

Beispiel

a) Die Relation von Beispiel 1 (Seite 8) ist eine Funktion, da jedem Datum genau eine Temperatur zugeordnet wird.

b) Die Relation von Beispiel 2 (Seite 11) ist keine Funktion, da es Jugendliche gibt, denen mehr als ein Sportverein zugeordnet wird.

A02 Untersuche die Beispiele 3 bis 9 (ab Seite 12). Überlege und streiche:

a) Die Relation von Beispiel 3 ist eine Funktion: *Ja/Nein*
b) Die Relation von Beispiel 4 ist eine Funktion: *Ja/Nein*
c) Die Relation von Beispiel 5 ist eine Funktion: *Ja/Nein*
d) Die Relation von Beispiel 6 ist eine Funktion: *Ja/Nein*
e) Die Relation von Beispiel 7 ist eine Funktion: *Ja/Nein*
f) Die Relation von Beispiel 8 ist eine Funktion: *Ja/Nein*
g) Die Relation von Beispiel 9 ist eine Funktion: *Ja/Nein*

Im weiteren Verlauf dieses Kapitels werden wir uns nur noch mit Funktionen beschäftigen, die als Gleichungen vom Typ $y = 3 \cdot x$ oder $x \cdot y = 2$ gegeben sind.

Die Graphen solcher Gleichungen können in zwei Gruppen geordnet werden:

Typ I Geraden

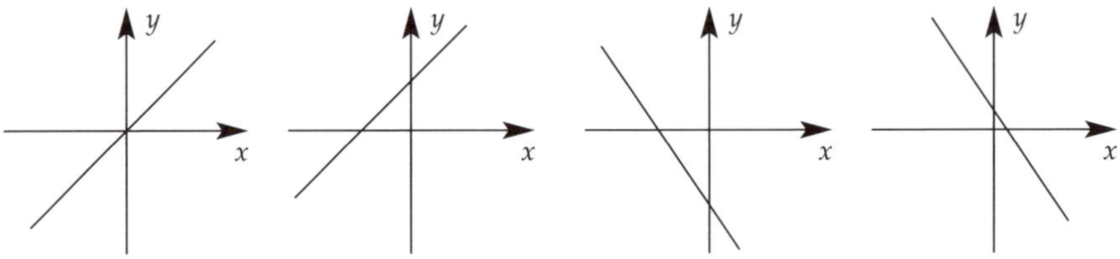

Typ II Hyperbeln

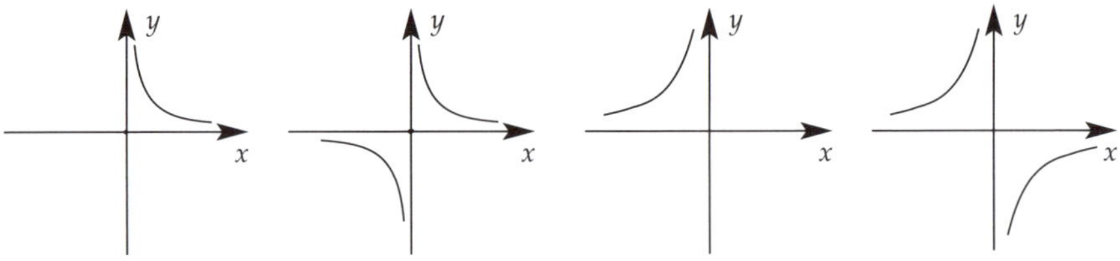

Die Graphen der Beispiele 1 bis 3

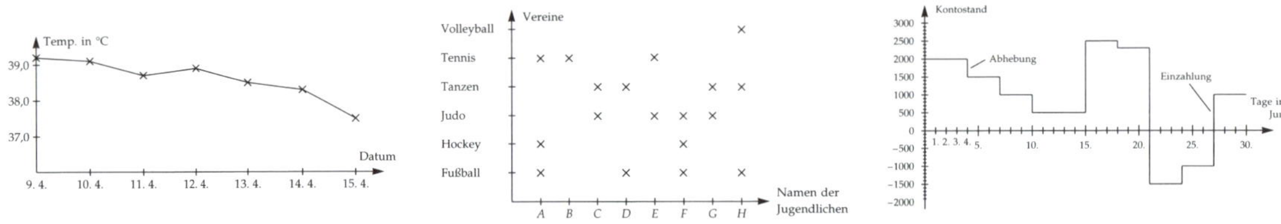

gehören zu keinem dieser Typen von Geraden bzw. Hyperbeln. Die Graphen der Beispiele 4 bis 9 lassen sich dagegen zuordnen.

A03 Entscheide jeweils für die Beispiele 4 bis 7 – für die Beispiele 8 und 9 steht der Typ ja bereits in der Überschrift.

a) Der Graph von Beispiel 4 ist eine *Gerade/Hyperbel*.
b) Der Graph von Beispiel 5 ist eine *Gerade/Hyperbel*.
c) Der Graph von Beispiel 6 ist eine *Gerade/Hyperbel*.
d) Der Graph von Beispiel 7 ist eine *Gerade/Hyperbel*.

2. Direkte Proportionalität

2.1 Die Ursprungsgerade

Unter den Beispielen 4 bis 9 waren drei Geraden, die durch den Punkt (0 | 0) gehen. Man nennt solche Geraden **Ursprungsgeraden**.

Schau nochmals nach, welche Beispiele das waren: ...., ... und ....

Ob ein Graph eine Ursprungsgerade ist, kann man schon den Wertetabellen entnehmen: Wähle dazu aus den zugehörigen Tabellen (die hier nochmal aufgeführt sind) je vier Wertepaare und bilde die Quotienten der Koordinaten, indem du jeweils den Ordinatenwert durch den zugehörigen Abszissenwert teilst. Schreibe das Ergebnis unter die Tabellen.

Für die Punkte der Geraden aus Beispiel 4

Zeit	1 h	2 h	3 h	4 h	…
Weg	5 km	10 km	15 km	20 km	…

ergibt sich: .... $\frac{\text{km}}{\text{h}}$ .... $\frac{\text{km}}{\text{h}}$ .... $\frac{\text{km}}{\text{h}}$ .... $\frac{\text{km}}{\text{h}}$

Für die Punkte der Geraden aus Beispiel 6

Kapital in Euro	1000	2000	4000	8000	…
Jahreszins in Euro	40	80	160	320	…

ergibt sich: 0,........ 0,........ 0,........ 0,........

oder auch: ....% ....% ....% ....%

Für die Punkte der Geraden aus Beispiel 8

x	3	2	1	0	−1	−2	−3	…
y	9	6	3	0	−3	−6	−9	…
ergibt sich:	....	....	....	nicht definiert	....	....	....	

Du hast festgestellt, dass die Werte, die zur gleichen Geraden gehören, jeweils .... sind.

Der errechnete Quotient aus Ordinate und Abszisse ist auch ein Kennzeichen dafür, wie „steil" oder „flach" die Gerade verläuft.

Definition

Für *Ursprungsgeraden* heißt der Quotient aus den Ordinaten- und Abszissenwerten **Steigung** a.

Auf Seite 34 wirst du eine Gleichung finden, mit der man die Steigung nicht nur für Ursprungsgeraden, sondern für alle Arten von Geraden berechnen kann.

Bei einer Ursprungsgeraden führt der Quotient aus Ordinatenwert (y) und zugehörigem Abszissenwert (x) für jeden Punkt zum gleichen Wert. (Beachte, dass bei den Koordinaten eines Punktes der y-Wert immer an zweiter Stelle und der x-Wert immer an erster Stelle steht!)
Damit kannst du die Steigung einer Ursprungsgeraden aus jedem beliebigen Geradenpunkt berechnen.

Beispiel Berechne die Steigung der Geraden, die durch die Punkte P und Q verläuft:

Punkt P hat die Koordinaten $P\,(9\,|\,3)$; damit gilt:

Steigung $a = \frac{3}{9} = \frac{1}{3}$

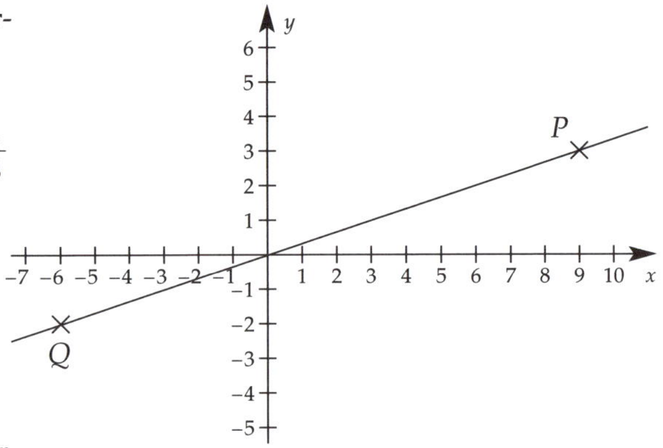

Punkt Q hat die Koordinaten $Q\,(-6\,|\,-2)$; er führt zur gleichen

Steigung $a = \frac{-2}{-6} = \frac{1}{3}$.

A04 Bestimme die Koordinaten der Punkte A und B und errechne die Steigung der Geraden

a) A (........ | ....)

B (........ | ....)

Steigung a = ...

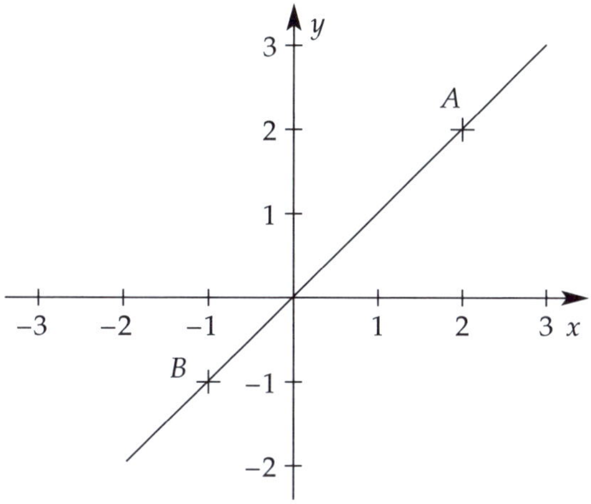

b) C (........ | ....)

D (........ | ....)

Steigung a = ...

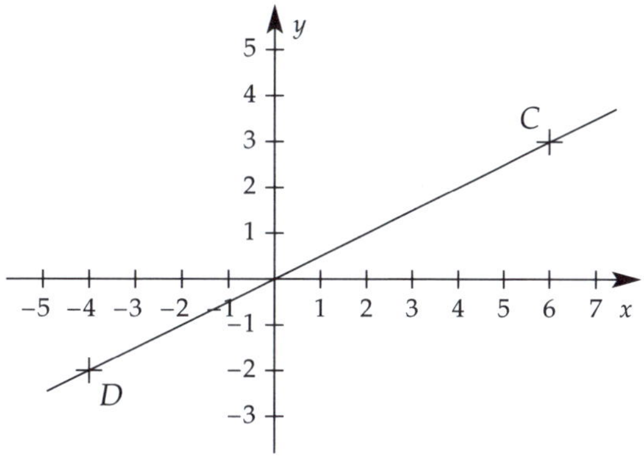

c) E (........ | ....)

F (........ | ....)

Steigung a = ...

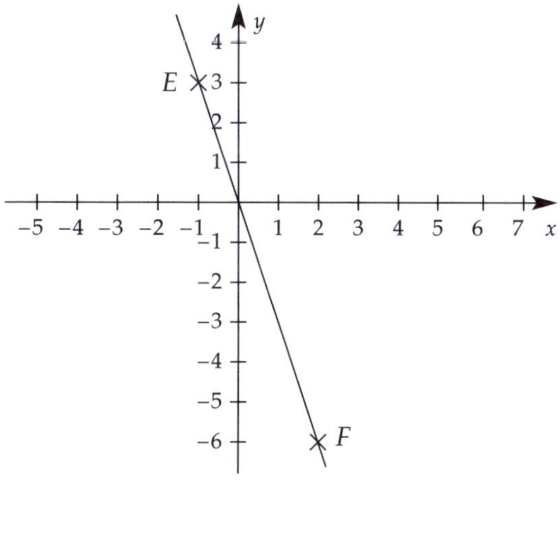

d) nächste Seite

d) G (........ | ....)

H (........ | ....)

Steigung a = ...

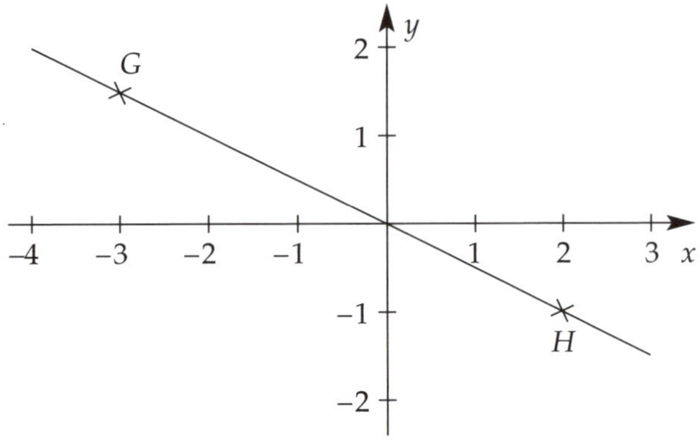

Tipp

> Zur Berechnung der Steigung darfst du jeden beliebigen Punkt einer Ursprungsgeraden verwenden – außer dem Ursprung selbst!
> Denn der hat die Koordinaten (0 | 0) und der Quotient aus Ordinaten und Abszissenwert würde $\frac{0}{0}$ ergeben. Dieser Ausdruck ist aber nicht definiert – Division durch null ...!

Falls die Steigung einer Ursprungsgeraden gegeben ist, lässt sich zu jedem Abszissenwert (x) der zugehörige Ordinatenwert (y) berechnen.

Merke!

> Die allgemeine Gleichung der **Ursprungsgeraden** lautet:
>
> $y = a \cdot x$
>
> wobei a die Steigung der Geraden angibt.

Schreibweisen von Gleichungen

In den verschiedenen Mathematikbüchern sind unterschiedliche Schreibweisen für die Gleichung der Ursprungsgeraden eingeführt. Präge dir davon nur die Schreibweise ein, die du bereits vom Unterricht her kennst:

- $x \mapsto ax$; lies: *x wird abgebildet auf a mal x.*
- $x \mapsto f(x) = ax$; lies: *x geht über in f von x mit f von x gleich a mal x.*
- $f\colon x \mapsto ax$; lies: *Durch die Funktion f wird x abgebildet auf a mal x.*
- $f(x) = y = ax$; lies: *f von x gleich y gleich a mal x.*

Beispiel

Gegeben sei die Geradengleichung $y = \frac{1}{3}x$.

Berechne die y-Koordinate für den Geradenpunkt $P\,(12\,|\,?)$. Setze die x-Koordinate in die Geradengleichung ein:

$$y = \frac{1}{3} \cdot 12 = 4$$

Damit hast du gefunden: $P\,(12\,|\,4)$

A05 Löse die Gleichung $y = ax$ nach a auf und vergleiche das Ergebnis mit der Definition von Seite 22.

A06 Berechne jeweils die fehlende Koordinate.

a) $y = 2x$; $A\,(1\,|\,\ldots\ldots)$

b) $y = \frac{1}{3}x$; $B\,(6\,|\,\ldots\ldots)$

c) $y = -1x$; $C\,(2\,|\,\ldots\ldots)$

d) $y = -\frac{1}{4}x$; $D\,(-4\,|\,\ldots\ldots)$

e) $y = -3x$; $E\,(-1\,|\,\ldots\ldots)$

A07 Trage die fünf Geraden in das Koordinatensystem ein.

Hinweis:
Nütze dabei aus, dass jede dieser Geraden durch den Ursprung $(0\,|\,0)$ geht. Da du jeweils einen weiteren Punkt bestimmt hast, kannst du die Gerade durch diesen Punkt und den Ursprung hindurch zeichnen.

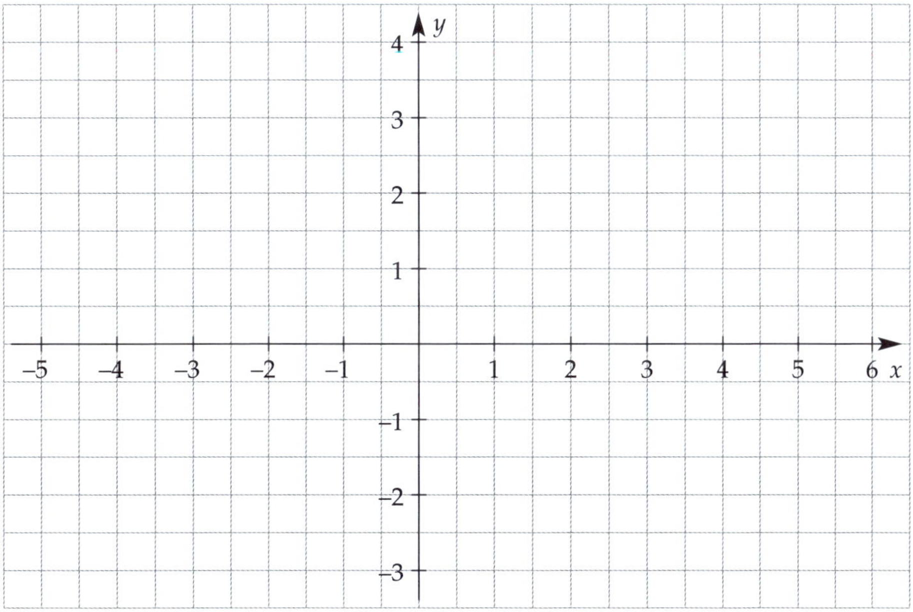

- Die Zusammenhänge zwischen Weg und Zeit im Beispiel 4 (Seite 12) kannst du folgendermaßen ausdrücken:
  - In der doppelten Zeit wird der .... Weg zurückgelegt.
  - In der dreifachen Zeit wird der .... Weg zurückgelegt.
- zwischen Kapital und Jahreszins im Beispiel 6 (Seite 14):
  - Das doppelte Kapitel bringt .... Zinsen.
  - Das dreifache Kapitel bringt .... Zinsen.
- zwischen x und y im Beispiel 8 (Seite 16):
  - Verdoppelt sich x, so .... auch y.
  - Verdreifacht sich x, so .... auch y.

Diese Feststellungen entsprechen genau den Ergebnissen von Seite 21. Dort hast du festgestellt, dass die Quotienten von entsprechenden Ordinaten- und Abszissenwerten übereinstimmen.

Definition

Die Werte (x und y) aus zwei Mengen ($\mathbb{D}$ und $\mathbb{W}$) sind zueinander **direkt proportional,**

- wenn dem doppelten x das doppelte y oder dem n-fachen x das n-fache y entspricht bzw.
- wenn die Quotienten entsprechender Wertepaare gleich sind.

Der Quotient aus proportionalen Größen heißt **Proportionalitätsfaktor**.

Beispiel

Zeichne die Gerade g mit $y = \frac{2}{3}x$.

Du weißt, dass die Gerade durch den Ursprung geht, weil der Quotient $\frac{y}{x}$ konstant ist. Deshalb genügt es, wenn du einen weiteren Punkt bestimmst. Wähle dazu einen x-Wert und berechne den zugehörigen y-Wert.

Zum Beispiel: $x = 3$

Damit erhältst du $y = \frac{2}{3} \cdot 3 = 2$.

Der errechnete Punkt P ist damit $P\,(3\,|\,2)$ und du erhältst die Gerade:

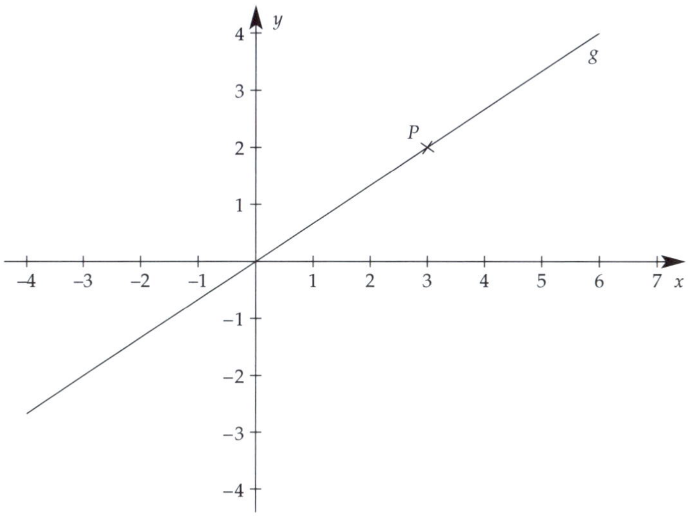

A08 Lege dir ein Koordinatensystem an (die Achsen jeweils von –6 bis +6) und zeichne die Geraden ein.

Hinweis:
Löse die Geradengleichung immer zuerst nach y auf! Wähle dann einen x-Wert und berechne den zugehörigen y-Wert.

a) Gerade h mit $y = \frac{1}{4}x$

b) Gerade i mit $y = -\frac{1}{2}x$

c) Gerade k mit $\frac{y}{5} = \frac{1}{10}x$

$y =$ ....

d) Gerade l mit $x = \frac{1}{3}y$ **!**

$y =$ ....

e) Gerade m mit $\frac{y}{8} = -\frac{x}{2}$

$y =$ ....

Die Ursprungsgeraden $y = a \cdot x$ können in zwei Gruppen eingeteilt werden:

Definition

Die Ursprungsgeraden, die im I. und III. Quadranten verlaufen, heißen **steigende Geraden**.

Für ihre Steigung a gilt a …….. 0.

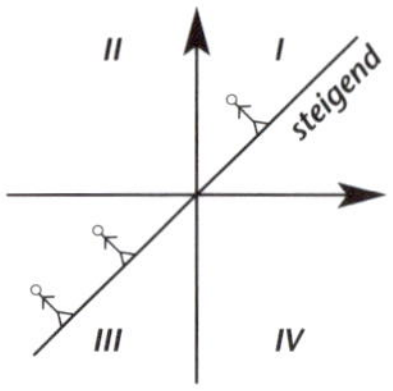

Definition

Die Ursprungsgeraden, die im II. und IV. Quadranten verlaufen, heißen **fallende Geraden**.

Für ihre Steigung a gilt a …….. 0.

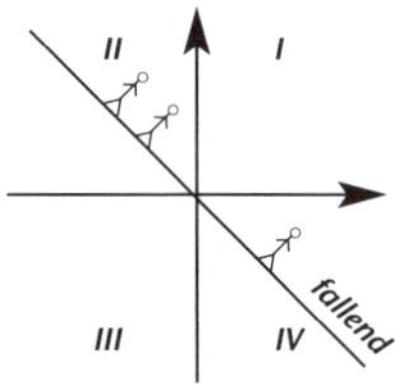

2.2 Allgemeine Geraden

Nicht alle Geraden gehen durch den Ursprung!

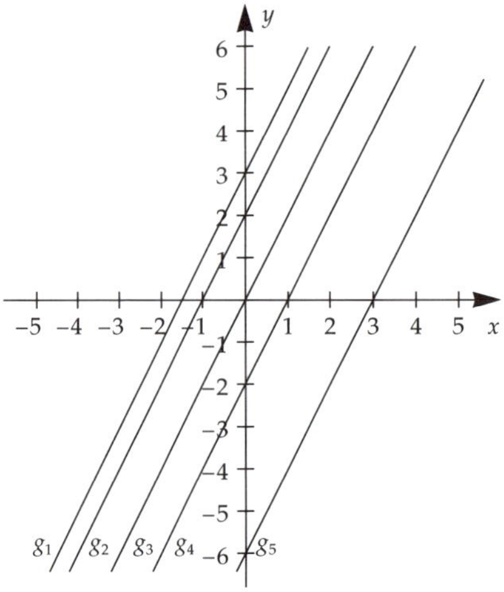

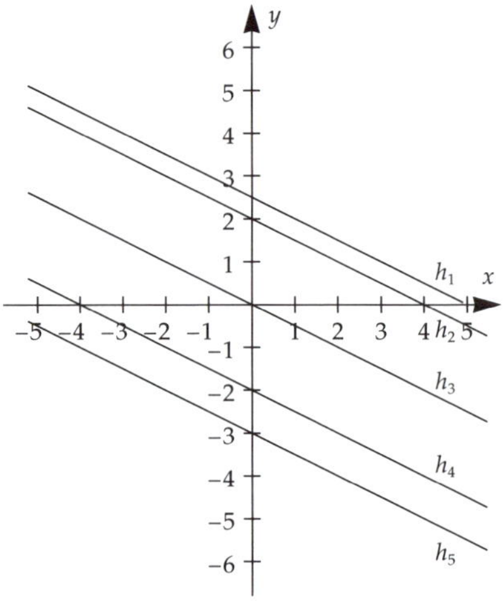

Die Geraden g_1 bis g_5 verlaufen …………………………… zueinander.
Sie haben alle **dieselbe Steigung**.
Die Geraden g_1 bis g_5 sind *steigende/fallende* Geraden.

Die Geraden h_1 bis h_5 verlaufen …………………………… zueinander.
Sie haben alle **dieselbe Steigung**.
Die Geraden h_1 bis h_5 sind *steigende/fallende* Geraden.

Nur die Gerade .... ist eine Ursprungsgerade und hat die Gleichung:

$$y = 2x$$

Nur die Gerade .... ist eine Ursprungsgerade und hat die Gleichung:

$$y = -\frac{1}{2}x$$

Die übrigen Geraden sind – unter Beibehaltung ihrer Steigung – nach oben bzw. unten verschoben.

Beispiel

In der linken Spalte ist ein Beispiel ausgeführt. Du sollst für das Beispiel in der rechten Spalte die Wertetabelle aufstellen.

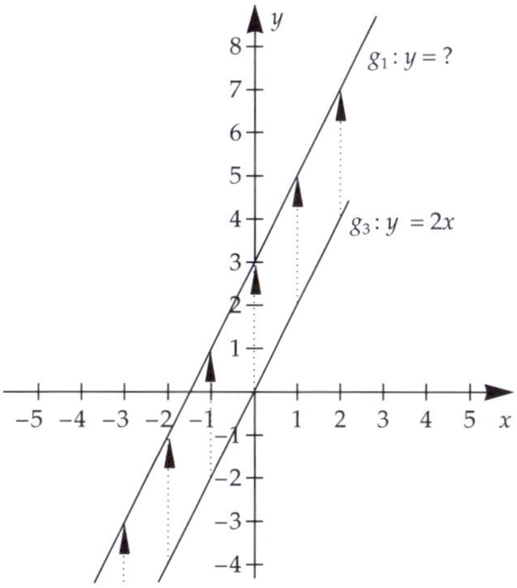

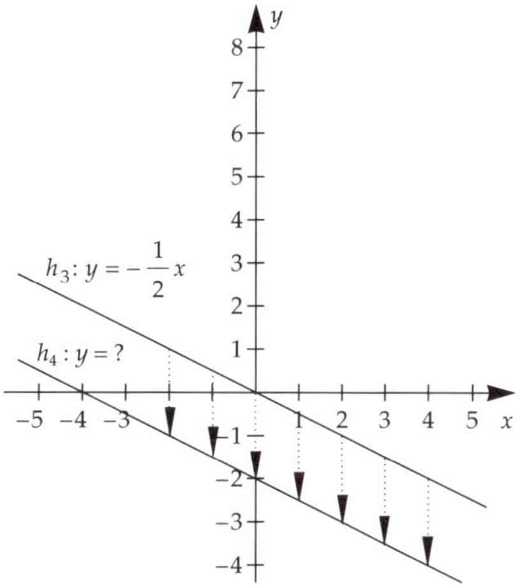

Wertetabelle

x	−2	−1	0	1	2	3
g_3: $y = 2x$	−4	−2	0	2	4	6
g_1: $y = ?$	−1	1	3	5	7	9

Die y-Werte von g_1 sind immer **um 3 größer** als die entsprechenden y-Werte von g_3. Damit ergibt sich aus der Gleichung von g_3: $y = 2x$ die Gleichung von g_1: $y = 2x + 3$.

Wertetabelle

x	−2	−1	0	1	2	3
h_3: $y = -\frac{1}{2}x$	1	$\frac{1}{2}$	0	$-\frac{1}{2}$	−1	$-1\frac{1}{2}$
h_4: $y = ?$	.....	.....	.....	.....	.....	....

Die y-Werte von h_4 sind immer um .... als die entsprechenden y-Werte von h_3. Damit ergibt sich aus der Gleichung von h_3: $y = -\frac{1}{2}x$ die Gleichung von

h_4: $y = -\frac{1}{2}x$ ....

Die Gleichungen von g_1 und g_3 sowie h_3 und h_4 unterscheiden sich jeweils durch den „Verschiebungswert". Dieser Zusatz steht auch in der allgemeinen Geradengleichung.

Merke!

Die **allgemeine Geradengleichung** lautet

$$y = ax + b$$

a ist die **Steigung**
b heißt **y-Achsenabschnitt** der Geraden.

Tipp

Der y-Achsenabschnitt gibt den Verschiebungswert der Geraden zur entsprechenden Ursprungsgeraden an – du kannst ihn in der Zeichnung an der y-Achse ablesen!

Schreibweisen von Gleichungen

Wieder sind mehrere Schreibweisen möglich – vergleiche Abschnitt A 2.1.

- $x \mapsto ax + b$
- $x \mapsto f(x) = ax + b$
- $f\colon x \mapsto ax + b$
- $f(x) = y = ax + b$

Beispiel Zeichne die Gerade g mit der Gleichung: $y = -2x + 3$

Für die Lösung gibt es zwei Wege:

1. Weg

Du weißt aus der Geradengleichung $y = -2x + 3$, dass die gesuchte Gerade bei $y = +3$ die y-Achse schneidet. Markiere diesen Punkt S.

Du weißt, dass die Steigung -2 beträgt. Das bedeutet, dass die Gerade fällt. Um die Steigung richtig einzutragen, gehe von S aus 1 nach rechts und 2 nach unten. Markiere dort den Punkt T und ziehe die Gerade durch S und T.

Du siehst aus der Zeichnung, dass du auch 2 nach rechts und 4 nach unten, oder auch 1 nach links und 2 nach oben gehen könntest, um T' oder auch T'' auf der Geraden zu finden.

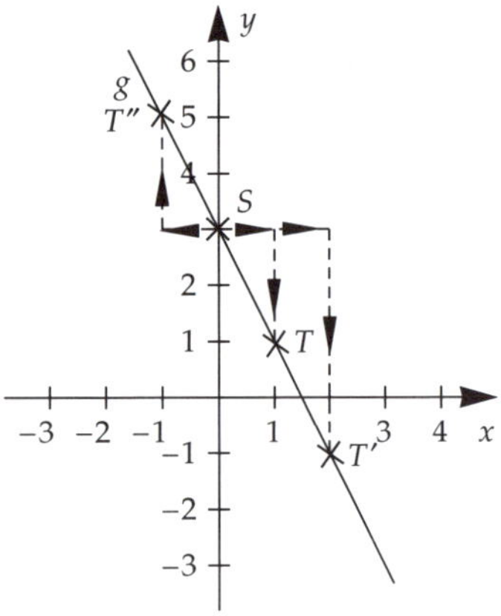

2. Weg

Berechne zwei Punkte S und R. Setze dazu je zwei beliebige x-Werte in die Geradengleichung $y = -2 \cdot x + 3$ ein und berechne die zugehörigen y-Werte.

Zum Beispiel

$x = 0$: $y = -2 \cdot 0 + 3 = 3$

damit: $S\,(0 \mid 3)$

und $x = 2$: $y = -2 \cdot 2 + 3 = -1$

damit: $R\,(2 \mid -1)$

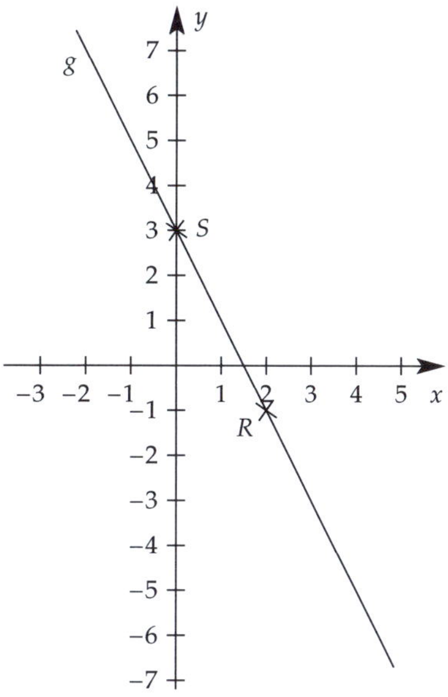

Wähle $x = 3$ und berechne:

$y =$ ....; $U\,(3 \mid$ ....$)$ oder

wähle $x = 5$ und berechne:

$y =$ ....; $V\,(5 \mid$ ....$)$ oder

wähle $x = -2$ und berechne:

$y =$ ....; $W\,(-2 \mid$ ....$)$ oder …

Suche die Punkte U, V und W, zeichne sie ein und kontrolliere, ob sie auf der Geraden liegen.

Probe

A09 Zeichne in das Koordinatensystem die Graphen der Funktionen ein.

a) $f(x) = y = \frac{1}{2}x - 3$

b) $g(x) = y = 3x - 1$

c) $h(x) = y = -\frac{1}{2}x + 2$

d) $i(x) = y = \frac{1}{2}x + 2$

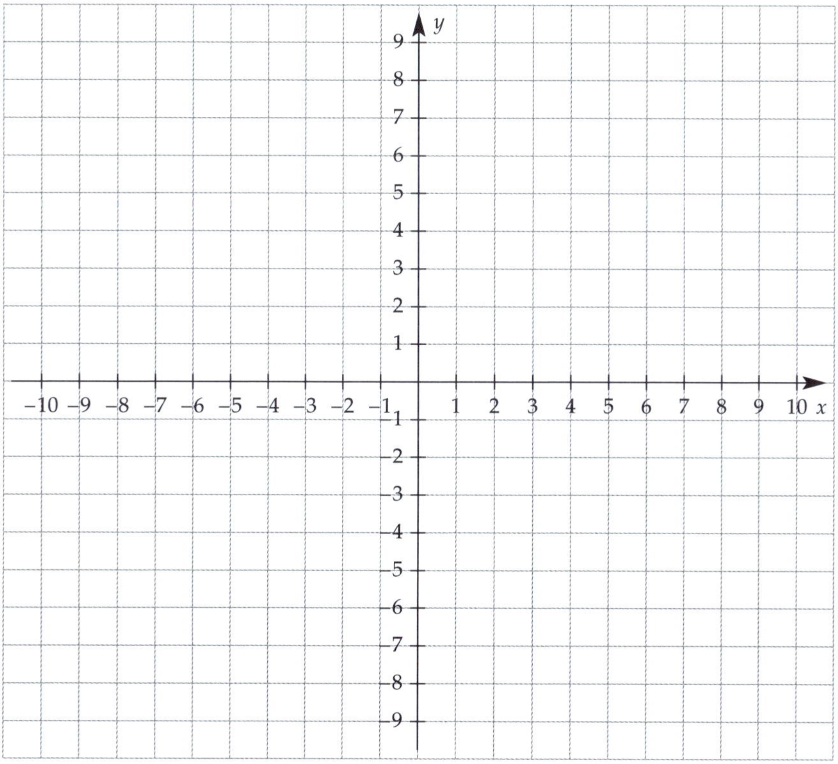

Problem Du sollst die Steigung einer Geraden berechnen, von der nur zwei Punkte durch ihre Koordinaten gegeben sind.

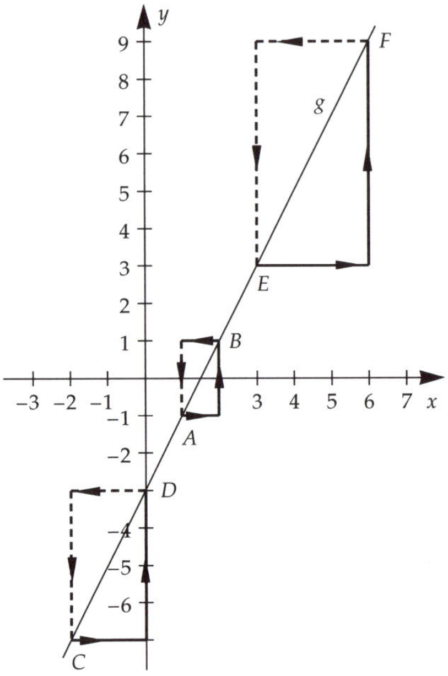

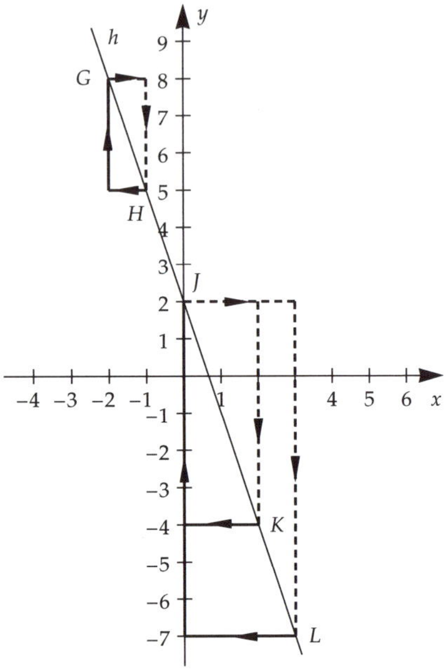

Wenn du von einem beliebigen Geradenpunkt zu einem anderen Punkt auf dieser Geraden kommen willst, kannst du zum Beispiel folgende „Schritte“ gehen:

Auf der Geraden g von

A nach B:
1 nach rechts und 2 nach oben
oder
C nach D:
2 nach rechts und 4 nach oben
oder
E nach F:
3 nach rechts und 6 nach oben
usw.

ODER

B nach A:
1 nach links und 2 nach unten
oder
D nach C:
2 nach links und 4 nach unten
oder
F nach E:
3 nach links und 6 nach unten
usw.

Auf der Geraden h von

G nach H:
1 nach rechts und 3 nach unten
oder
J nach K:
2 nach rechts und ..... nach ....
oder
J nach L:
3 nach rechts und ..... nach ....
usw.

ODER

H nach G:
1 nach links und ..... nach ....
oder
K nach J:
2 nach links und ..... nach ....
oder
L nach J:
3 nach links und ..... nach ....
usw.

Wichtig dabei ist, dass du erkennst:

Der Quotient aus dem Schritt in y-Richtung und dem Schritt in x-Richtung ist für jede Gerade jeweils konstant.

Der Wert des Quotienten $\dfrac{\text{Schritt in } y\text{-Richtung}}{\text{Schritt in } x\text{-Richtung}}$ ist also unabhängig von der Richtung und der Länge des ersten Schrittes.

Damit du die jeweilige Steigung berechnen kannst, musst du beachten:

Schritte nach rechts, Schritte nach oben } werden **positiv** gerechnet!

Schritte nach links, Schritte nach unten } werden **negativ** gerechnet!

Merke!

Für die Steigung a der Geraden g gilt:

$$a = \frac{2}{1} = 2$$

oder: $a = \dfrac{4}{2} = 2$

oder: $a = \dfrac{6}{3} = 2$ usw.

ODER

$$a = \frac{-2}{-1} = 2$$

oder: $a = \dfrac{6}{-2} = -3$

oder: $a = \dfrac{-6}{-3} = 2$ usw.

Für die Steigung a der Geraden h gilt:

$$a = \frac{-3}{1} = -3$$

oder: $a = \dfrac{\dots}{2} = \dots$

oder: $a = \dfrac{\dots}{3} = \dots$ usw.

ODER

$$a = \frac{\dots}{-1} = -3$$

oder: $a = \dfrac{\dots}{\dots} = \dots$

oder: $a = \dfrac{\dots}{\dots} = \dots$ usw.

Damit haben wir die Lösung für unser Problem gefunden:

Wenn bei einer Geraden zwei Punkte $P_1\,(x_1 \mid y_1)$ und $P_2\,(x_2 \mid y_2)$ gegeben sind, kannst du aus ihren Koordinaten die Steigung berechnen.

Merke!

Beispiel a) $P_1\,(-1\,|\,-5)$ und $P_2\,(2\,|\,1)$

Von P_1 nach P_2:

x-Schritt $= x_2 - x_1 =$
$= 2 - (-1) = 3$

y-Schritt $= y_2 - y_1 =$
$= 1 - (-5) = 6$

damit: $a = \dfrac{y_2 - y_1}{x_2 - x_1} = \dfrac{6}{3} = 2$

Von P_2 nach P_1:

x-Schritt $= x_1 - x_2 =$
$= -1 - 2 = -3$

y-Schritt $= y_1 - y_2 =$
$= -5 - 1 = -6$

damit: $a = \dfrac{y_1 - y_2}{x_1 - x_2} = \dfrac{-6}{-3} =$ ....

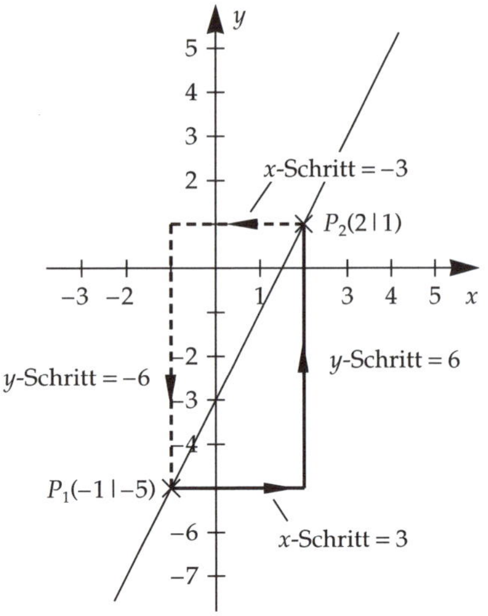

b) $Q_1\,(-2\,|\,8)$ und $Q_2\,(1\,|\,-1)$

Von Q_1 nach Q_2:

x-Schritt = ... =
= .... = ...

y-Schritt = ... =
= .... = ...

damit: a = $\frac{\text{....................}}{\text{....................}}$ = $\frac{\text{..............}}{\text{..............}}$ = ...

Von Q_2 nach Q_1:

x-Schritt = ... =
= .... = ...

y-Schritt = ... =
= .... = ...

damit: a = $\frac{\text{....................}}{\text{....................}}$ = $\frac{\text{..............}}{\text{..............}}$ = ...

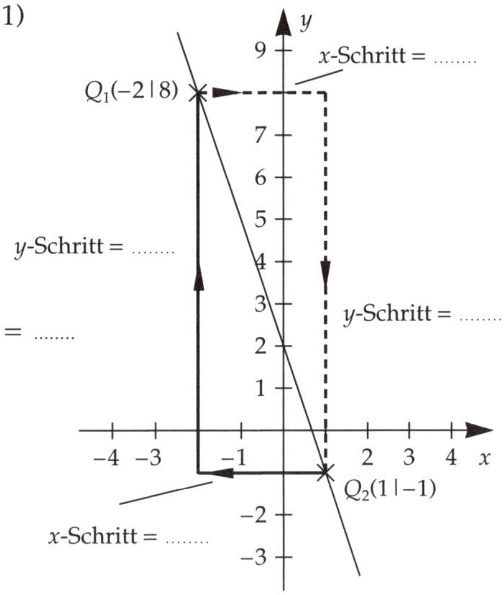

Damit haben wir die Formel für die Berechnung der Steigung aus zwei Geradenpunkten:

Merke!

Die **Steigung der allgemeinen Geraden** berechnet sich aus zwei gegebenen Punkten $P_1\,(x_1\,|\,y_1)$ und $P_2\,(x_2\,|\,y_2)$ nach der Formel:

$$a = \frac{y_2 - y_1}{x_2 - x_1} \quad \text{oder} \quad a = \frac{y_1 - y_2}{x_1 - x_2}$$

Berechne die Steigung der Geraden g mit $P\,(7\,|\,12) \in g$ und $Q\,(19\,|\,-12) \in g$. *Beispiel*

Wir übertragen die Punktkoordinaten in die Schreibweise unserer Formel:

$$x_1 = 7; \qquad y_1 = 12;$$
$$x_2 = 19; \qquad y_2 = -12$$

In die Formel eingesetzt ergibt sich:

$$a = \frac{y_2 - y_1}{x_2 - x_1} = \frac{-12 - 12}{19 - 7} = \frac{\ldots\ldots}{\ldots\ldots} = \ldots\ldots$$

A10 Berechne die Steigungen der G

a) $P\,(9\,|\,7) \in g$, $Q\,(13\,|\,8) \in g$; $\quad a = \ldots\ldots$

b) $R\,(-5\,|\,11) \in h$, $S\,(-9\,|\,19) \in h$; $\quad a = \ldots\ldots$

c) $T\,(-12\,|\,-9) \in i$, $U\,(-27\,|\,-4) \in i$; $\quad a = \ldots\ldots$

Um die vollständige Geradengleichung $y = ax + b$ aus zwei gegebenen Punkten aufstellen zu können, müssen wir uns noch die Berechnung von b (y-Achsenabschnitt) klar machen.

Gegeben seien die beiden Punkte $P_1\,(-1\,|\,-5)$ und $P_2\,(2\,|\,1)$ (Zeichnung siehe Seite 34 oben). *Beispiel*

Gesucht ist die Gleichung $y = ax + b$ der Geraden g, die durch P_1 und P_2 geht.

Das heißt, es müssen berechnet werden:

- die Steigung a und
- der y-Achsenabschnitt b.

$$a = \frac{y_2 - y_1}{x_2 - x_1} = \frac{1 - (-5)}{2 - (-1)} = \frac{6}{3} = 2$$

Mit diesem Wert für a können wir die allgemeine Geradengleichung jetzt schon etwas präziser schreiben:

$$y = 2x + b$$

Merke!

> Da sowohl P_1 als auch P_2 auf der gesuchten Geraden liegen, müssen ihre Koordinaten jeweils die Gleichung $y = 2x + b$ erfüllen.

Für $P_1(-1 \mid -5) \in g$ setzen wir also nicht nur die Koordinaten, sondern auch die errechnete Steigung in die allgemeine Geradengleichung ein:

$$
\begin{aligned}
y &= a \cdot x + b \\
-5 &= 2 \cdot (-1) + b \\
-5 &= -2 + b \quad |+2 \\
-3 &= b
\end{aligned}
$$

Damit lautet die Geradengleichung: $y = 2x - 3$

Die Koordinaten von P_2 kannst du als Probe in die gefundene Geradengleichung einsetzen:

Probe $P_2(2 \mid 1) \in g$? rechte Seite: $2x - 3 = 2 \cdot 2 - 3 = 1$

linke Seite: $y = 1$ = rechte Seite

Die Probe zeigt: $P_2 \in g$!

A11 Berechne zu der Geraden von Aufgabe A10 noch die zugehörigen y-Achsenabschnitte:

a) $P(9 \mid 7) \in g$ und $Q(13 \mid 8) \in g$ mit $g\colon y = \frac{1}{4}x + b$

$b =$ ....

b) $R(-5 \mid 11) \in h$ und $S(-9 \mid 19) \in h$ mit $h\colon y = -2x + b$

$b =$ ....

c) $T(-12 \mid -9) \in i$ und $U(-27 \mid -4) \in i$ mit $i\colon y = -\frac{1}{3}x + b$

$b =$ ....

Spezialfälle

- Auch eine Gleichung wie $y = 3$ kann als Gerade dargestellt werden:

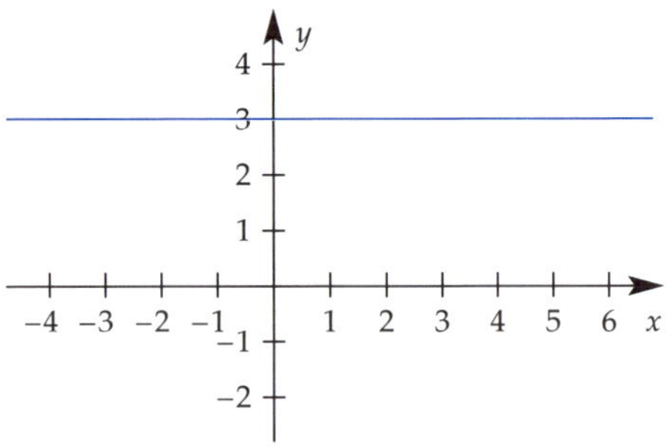

Da hier für x keine Bedingung angegeben ist, gilt für alle x-Werte: $y = 3$

- Auch eine Gleichung wie $x = 5$ kann als Gerade dargestellt werden:

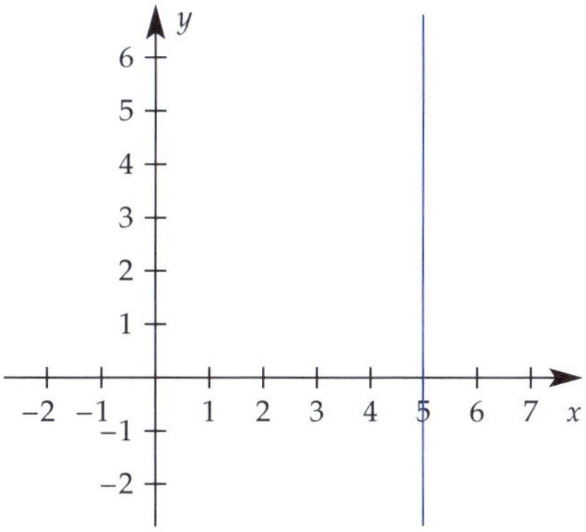

Da hier für y keine Bedingung angegeben ist, gilt für alle y-Werte: $x = 5$

A12 Gegeben ist eine lineare Funktion f mit der Gleichung $f(x) = -x - 1$.

a) Zeichne den Graphen von f in ein Koordinatensystem.

b) Zeige, dass der Punkt $P(-93\,|\,92)$ auf dem gegebenen Graphen liegt.

c) Stelle die Gleichung einer weiteren linearen Funktion auf, deren Graph ebenfalls durch den Punkt $P(-93\,|\,92)$ geht.

A13 Zeichne die Geraden ein:

a) $g\colon x = 4$

b) $h\colon y = 2{,}5$

c) $i\colon x = -5$

d) $k\colon y = -3{,}5$

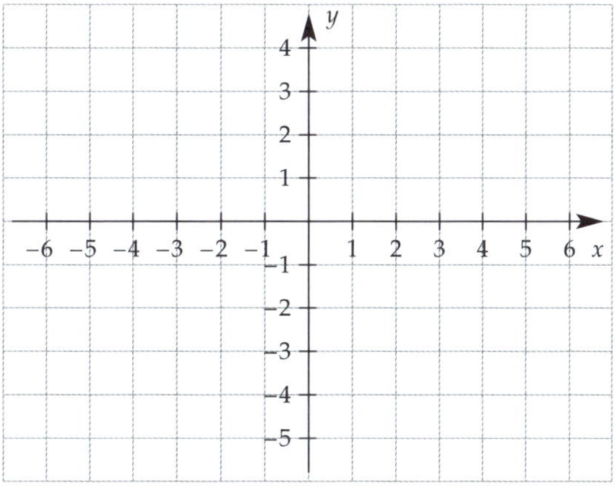

3. Ungleichungen mit zwei Variablen

Nun wird das Gleichheitszeichen in der Geradengleichung durch ein Kleiner- bzw. Größer-Zeichen ersetzt. Welche Punkte liegen in der Menge, die durch eine Ungleichung mit zwei Variablen – wieder heißen sie x und y – beschrieben wird?

Beispiel

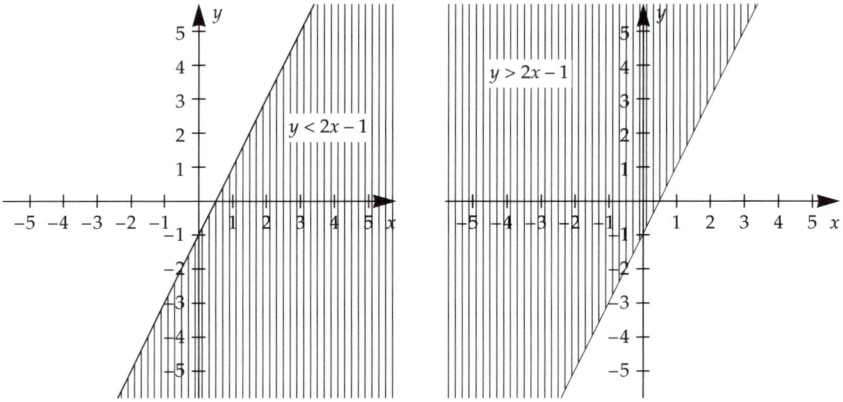

Für die Punkte **auf der Geraden** gilt, dass du zu jedem x-Wert den zugehörigen y-Wert nach der Formel $y = 2x - 1$ berechnen kannst.

Für $y < 2x - 1$ sollst du jedoch die Punkte finden, für die gilt, dass der y-Wert nicht gleich, sondern **kleiner** ist als $2x - 1$!

Die Lösungsmenge besteht also aus allen Punkte **„unterhalb" der Geraden**!

Für $y > 2x - 1$ sollst du jedoch die Punkte finden, für die gilt, dass der y-Wert nicht gleich, sondern **größer** ist als $2x - 1$!

Die Lösungsmenge besteht also aus allen Punkten **„oberhalb" der Geraden**!

Die Lösungsmengen der Ungleichungen sind alle Punkte in den schraffierten Gebieten.

Merke!

Wenn du im Koordinatensystem die Lösungsmenge der Ungleichung

$$y > ax + b$$

darstellen sollst, zeichnest du zuerst die Gerade $y = ax + b$ und schraffierst dann die Punktmenge *oberhalb/unterhalb* der Geraden.

A14 Stelle die Lösungsmenge der Ungleichung in einem selbst gezeichneten Koordinatensystem dar.

a) $y > 4x - 6$

b) $y < -\frac{1}{2}x + 3$

4. Indirekte Proportionalität

Die Funktionen der Beispiele 5 von Seite 14 und 9 von Seite 17 haben als Graphen Hyperbeln.

Die beiden Wertetabellen sind hier nochmal aufgeschrieben:

Beispiel 5:

Mitglieder	1	2	3	4	5	6	10	12	…
benötigte Zeit (in Tagen)	60	30	20	15	12	10	6	5	…

Aus dieser Tabelle kannst du ablesen:

- Doppelt so viele Mitglieder brauchen die Hälfte der Zeit.
- Dreimal so viele Mitglieder brauchen ein Drittel der Zeit.
- Viermal so viele Mitglieder brauchen .... der Zeit.

Beispiel 9:

$y \cdot x = 2$	x	$\frac{1}{4}$	$\frac{1}{3}$	$\frac{1}{2}$	1	2	4	6	8	…
	y	8	6	4	2	1	$\frac{1}{2}$	$\frac{1}{3}$	$\frac{1}{4}$	…

Aus dieser Tabelle kannst du ablesen:

- Wenn ein x-Wert mit 2 multipliziert wird, wird der zugehörige y-Wert durch 2 dividiert.
- Wenn ein x-Wert mit 4 multipliziert wird, wird der zugehörige y-Wert durch .... dividiert.

Vergleiche die Produkte von zusammengehörigen Werten für beide Wertetabellen:

Für Beispiel 5
ergibt das Produkt von zusammengehörigen Werten jeweils ....

Für Beispiel 9
ergibt das Produkt von zusammengehörigen Werten jeweils ....

Wenn die Produkte zusammengehöriger Werte aus zwei Mengen immer den gleichen Wert haben, sagt man:
Die Werte sind **indirekt proportional** zueinander.

Definition

Beispiel Ergänze die Wertetabelle und zeichne den Graphen der Funktion $y = \frac{2}{x}$:

x	-4	-3	-2	-1	$-\frac{3}{4}$	$-\frac{1}{2}$	$-\frac{1}{4}$
y	$\frac{2}{-4} = -\frac{1}{2}$	$\frac{2}{-3} = -\frac{2}{3}$	$\frac{2}{\dots} = \dots$	$\frac{\dots}{\dots} = \dots$	………	………	………

…

Fortsetzung der Wertetabelle

…

x	0	$\frac{1}{4}$	$\frac{1}{2}$	$\frac{3}{4}$	1	2	3	4
y	………	………	………	………	………	………	………	………

Zeichne den Graphen der Funktion $y = \frac{2}{x}$ in das Koordinatensystem ein:

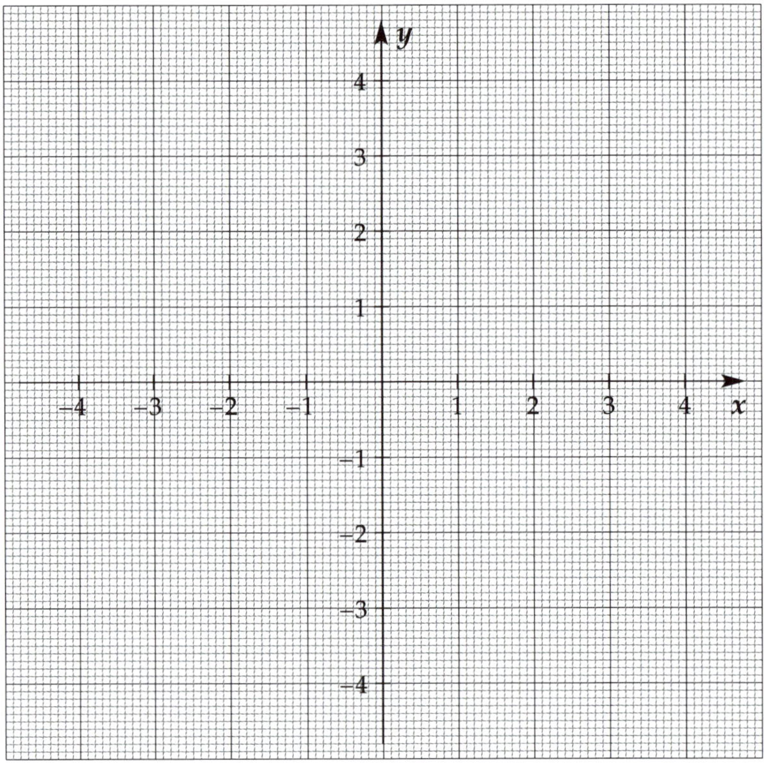

Graph der Funktion $y = \frac{2}{x}$

A15 Ergänze die Tabellen, sodass die Werte indirekt proportional sind.

a) $y = \frac{4}{x}$

x	−6	−5	−4	……	−2	−1	……	2	3	4	5	6
y	$-\frac{4}{6}$	……	……	$-\frac{4}{3}$	……	……	4	……	……	1	……	……

b) $y = -\frac{12}{x}$

x	−12	−8	−6	−4	−3	−2	−1	1	2	3	4	6	8	12
y	1	$\frac{3}{2}$	……	……	……	……	……	−12	……	……	……	……	……	……

A16 Berechne noch die y-Werte für einige x-Werte zwischen −1 und 1 und zeichne die Graphen in ein eigenes Koordinatensystem.

a) $y = \frac{4}{x}$

b) $y = -\frac{12}{x}$

B Systeme von linearen Gleichungen und Ungleichungen

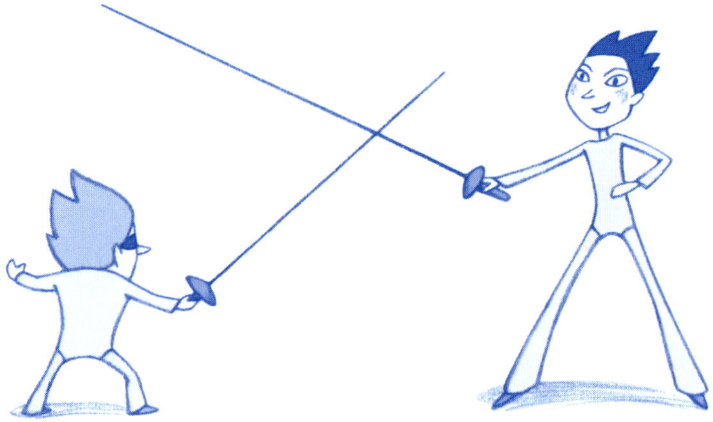

Test

1.

a) Berechne den Schnittpunkt der Geraden g und h;
mit g: $y = 2x$ und h: $y = -0{,}5x + 4$ 10 P.

b) Zeichne ein Koordinatensystem mit den Bereichen:
$-10 \leqq x \leqq 10$ und $-10 \leqq y \leqq 10$

c) Schraffiere im Koordinatensystem den Bereich, für den gilt:
$y > 0{,}25x + 2 \;\wedge\; y < -3x + 6$ 20 P.

2. Textaufgaben (zwei Gleichungen mit zwei Unbekannten)

a) Im Prospekt eines Tagungshotels steht:
Es gibt 40 Zimmer (Einzel- bzw. Doppelzimmer) mit insgesamt 55 Betten.
Wie viele Einzel- bzw. Doppelzimmer gibt es? 10 P.

b) Maria ist heute dreimal so alt wie ihr Bruder Wolfgang. In vier Jahren ist sie nur noch doppelt so alt. Wie alt sind beide heute? 10 P.

c) Am Obststand kosten vier Äpfel und sechs Pfirsiche zusammen 3,60 €.
Fünf Äpfel und zwei Pfirsiche kosten zusammen 2,30 €.
Berechne den Stückpreis für einen Apfel und einen Pfirsich. 10 P.

d) Ein Triathlon-Sportler trainiert für das Radfahren auf einer 34 km langen Strecke.
Insgesamt ist er dabei 1 Stunde und 12 Minuten unterwegs. Auf dem relativ flachen ersten Teilstück kann er eine konstante Geschwindigkeit von $35\,\frac{\text{km}}{\text{h}}$ einhalten; auf dem zweiten, steileren Teilstück fährt er mit $15\,\frac{\text{km}}{\text{h}}$. Wie lang sind die beiden Teilstücke? 12 P.

Summe deiner Punkte: ....

Im letzten Kapitel wurden Gleichungen (und Ungleichungen) mit zwei Variablen behandelt. Dort war nach Wertepaaren gefragt, deren Einsetzung die Gleichung (oder Ungleichung) erfüllen sollte.

Jetzt heißt die Aufgabe: Berechne die Wertepaare, die gleichzeitig zwei Gleichungen – und zwar zwei Geradengleichungen – erfüllen!
Oder geometrisch ausgedrückt: Berechne die Punkte, die sowohl auf der einen als auch auf der anderen Geraden liegen!
Um diesen neuen Aufgabentyp lösen zu können, müssen wir uns die Erfahrungen aus den vorangegangenen Kapiteln *Potenzen von Summen und Produkten* (Band mL 623), *Gleichungen und Ungleichungen* (Band mL 623) und *Relationen und Funktionen* zunutze machen.

1. Geometrisches Lösungsverfahren für Gleichungssysteme

Beispiel

Gegeben sind jeweils zwei Gleichungen G_1 und G_2. Gesucht sind dazu die Wertepaare, die sowohl G_1 als auch G_2 erfüllen.

1. G_1: $y = x - 1$
   G_2: $y = -2x + 5$

Die gezeichneten Geraden g_1 und g_2 auf der nächsten Seite zeigen dir die Lösungsmengen der Gleichungen G_1 und G_2. Der einzige Punkt, der sowohl auf g_1 als auch auf g_2 liegt, ist der Schnittpunkt S der beiden Geraden.

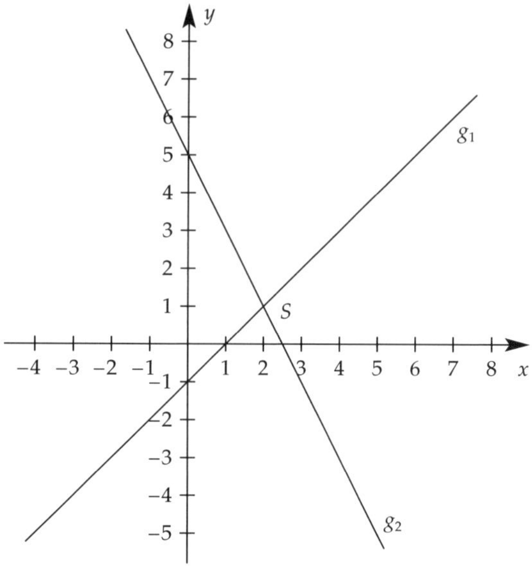

Lies seine Koordinaten ab und trage sie ein: S (........ | ....).

Setze zur Probe die Koordinaten von S in die Gleichungen G_1 und G_2 ein:

G_1: .... = ... − 1
G_2: .... = −2 · .... + 5

Du siehst, die Koordinaten von S sind Lösung von beiden Gleichungen und damit Lösung des Gleichungssystems.

2. G_1: $-3x + 12 + 6y = 0$
G_2: $-16 - 2x + 4y = 0$

Damit du bei diesem Beispiel genauso vorgehen kannst wie eben, musst du zuerst die Gleichungen nach y auflösen. Erst dann wird es dir leicht fallen, die zugehörigen Geraden zu zeichnen.

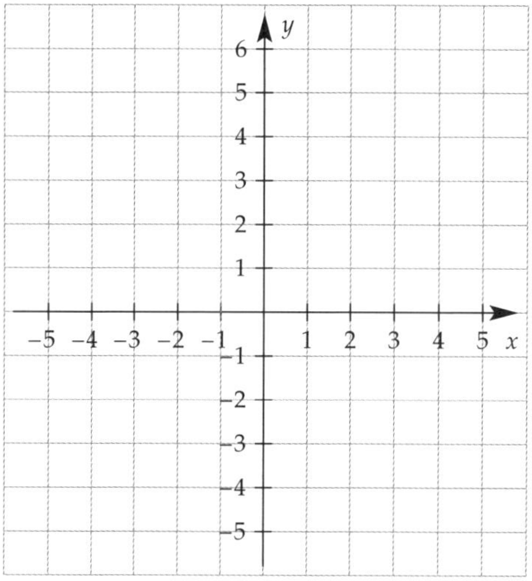

G_1: $-3x + 12 + 6y = 0 \quad |+(3x-12)$

$$6y = 3x - 12 \quad |:6$$

$$y = \frac{3x - 12}{6}$$

$$y = \frac{1}{2}x - 2$$

G_2: $-16 - 2x + 4y = 0 \quad |+(2x+16)$

$$4y = 2x + 16 \quad |:4$$

$$y = \frac{2x + 16}{4}$$

$$y = \frac{1}{2}x + 4$$

Zeichne jetzt die zugehörigen Geraden g_1 und g_2 in das Koordinatensystem ein und überlege dir, welcher Punkt sowohl auf g_1 als auch auf g_2 liegt.

Die beiden Geraden g_1 und g_2 verlaufen .... zueinander. Es gibt also keinen Punkt, der auf beiden Geraden liegt. Deshalb besitzt das Gleichungssystem .... Lösung!

3. G_1: $-8x + 4y = -4$
   G_2: $-7y + 14x - 7 = 0$

Löse zuerst auf einem Beiblatt nach y auf und trage die umgeformten Gleichungen hier ein:

G_1: $y =$ ....

G_2: $y =$ ....

Schon hier wird klar, dass zu beiden Gleichungen .... Gerade gehört.
Zeichne sie in das Koordinatensystem ein.

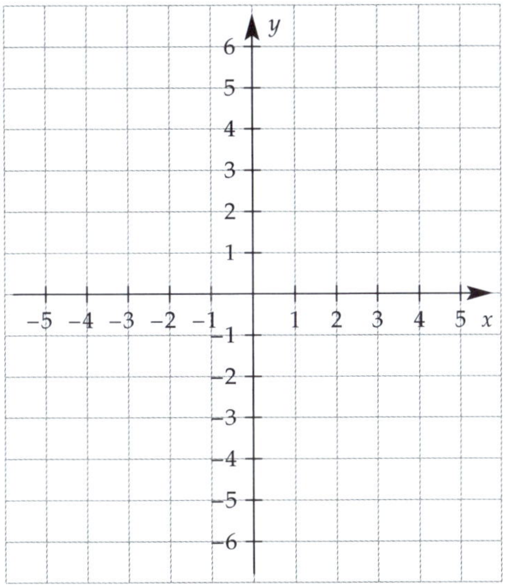

Da die Geraden zusammenfallen, gibt es unendlich viele Lösungen. Die Koordinaten von .... Punkten der Geraden erfüllen beide Gleichungen.

Folgerungen

- Wenn die .... der zugehörigen Geraden nicht übereinstimmen, besitzt das Gleichungssystem
  genau eine Lösung: $S = g_1 \cap g_2$
- Wenn die .... der zugehörigen Geraden übereinstimmen, aber ihre y-Achsenabschnitte verschieden sind, besitzt das Gleichungssystem
  keine Lösung: $g_1 \parallel g_2$
- Wenn sowohl die .... der zugehörigen Geraden als auch ihre .... übereinstimmen, besitzt das Gleichungssystem
  unendlich viele Lösungen: $g_1 = g_2$

Bestimme die Lösung oder Lösungen der folgenden Gleichungssysteme grafisch und bestätige sie (falls vorhanden) durch Einsetzen in beide Gleichungen.

Hinweis: Löse die Gleichungen immer zuerst nach y auf und zeichne dann die zugehörigen Geraden.
Kreuze das Kästchen mit der richtigen Lösung an und trage die Koordinaten von S ein, falls es genau eine Lösung gibt.

B01 I: $y = \frac{1}{2}x - 2{,}5$

II: $3y + 3x - 6 = 0$

Nach dem Auflösen ergibt sich:

I: $y =$ ....

II: $y =$ ....

☐ S (........ | ....)

☐ keine Lösung

☐ unendlich viele Lösungen

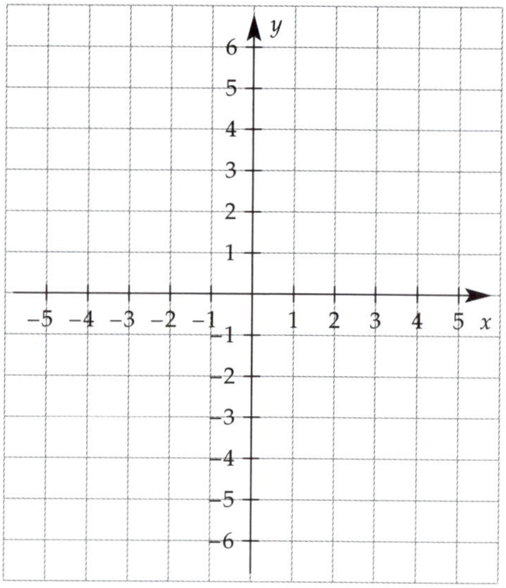

B02

$$\text{I: } 2y + x + 9 = 0$$
$$\text{II: } 6y - 4x - 8 = 0$$

Nach dem Auflösen ergibt sich:

I: y = ...

II: y = ...

- ☐ S (........ | ....)
- ☐ keine Lösung
- ☐ unendlich viele Lösungen

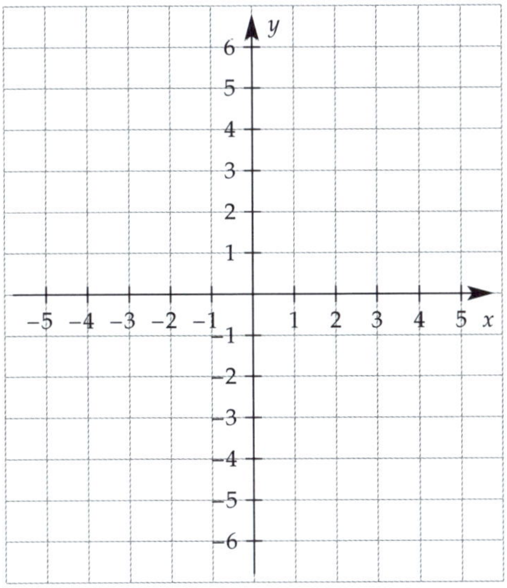

B03

$$\text{I: } 3{,}5y + 7 = -3{,}5x$$
$$\text{II: } 7y + 7x = 14$$

Nach dem Auflösen ergibt sich:

I: y = ...

II: y = ...

- ☐ S (........ | ....)
- ☐ keine Lösung
- ☐ unendlich viele Lösungen

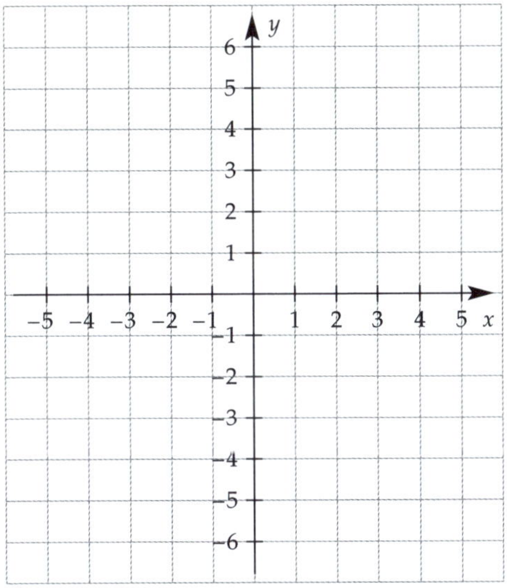

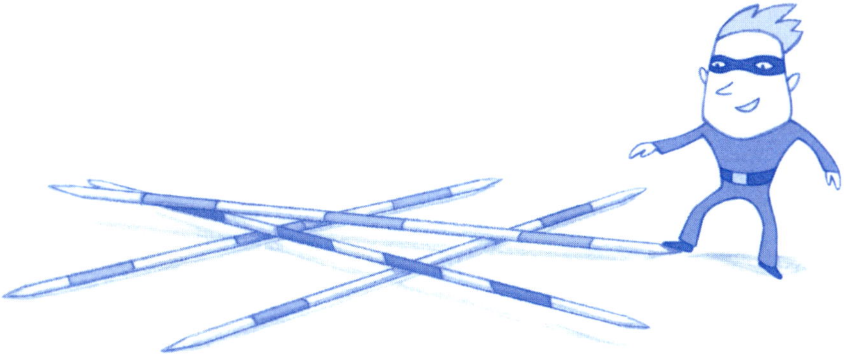

B04 I: $3y + 7{,}5 = 1{,}5x$
II: $x - 2y = 5$

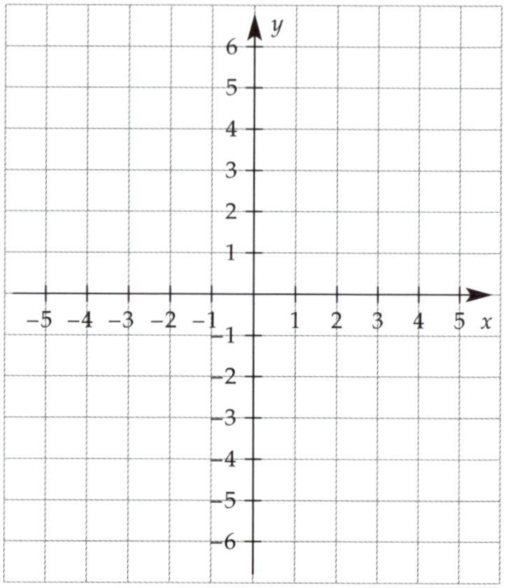

Nach dem Auflösen ergibt sich:

I: y = ...

II: y = ...

☐ S (........ | ....)
☐ keine Lösung
☐ unendlich viele Lösungen

B05 Für den Eintritt in einen Klettergarten findet Jan folgende Preistabelle:

- 1. Möglichkeit: Eintritt ohne Ausweis: 12,50 €
- 2. Möglichkeit: Eintritt mit Vereinsausweis: 9,50 €;
  Jahrespreis für Vereinsausweis: 30,– €
- 3. Möglichkeit: Eintritt mit Klettermarke: 7,– €;
  Jahrespreis für Klettermarke: 75,– €

a) Stelle alle drei Preisalternativen in einem Koordinatensystem grafisch dar.

b) Erläutere, wie Jans Entscheidung für die günstigste der drei Möglichkeiten von der Anzahl der jährlichen Besuche im Klettergarten abhängt.

Schwieriger wird es, wenn die Fragestellungen nach Schnittpunkt etc. verknüpft sind mit Funktionsgleichungen der Art:

$$g_m(x) = mx + 2$$

Bei dieser Art von Funktionsgleichungen ist zwar die Steigung – hier mit m bezeichnet – nicht gegeben, wohl aber der y-Achsenabschnitt bzw. der Schnittpunkt mit der y-Achse:

S_y (........ | ....)

Die Funktionsgleichung $g_m(x)$ heißt **Geradenbüschel**; sie bezeichnet alle Geraden, die durch den Punkt S_y verlaufen.

a) Zeichne in das Koordinatensystem die fünf Geraden g_1, g_{-2}, $g_{0{,}5}$, g_2 und $g_{-0{,}25}$, die alle zu dem Geradenbüschel $g_m(x) = mx + 2$ gehören.

b) Zeichne in dasselbe Koordinatensystem die Gerade mit der Gleichung $f(x) = -x - 1$.

c) Unter welchen Bedingungen für m schneiden sich die Graphen von f und g_m im II. Quadranten?

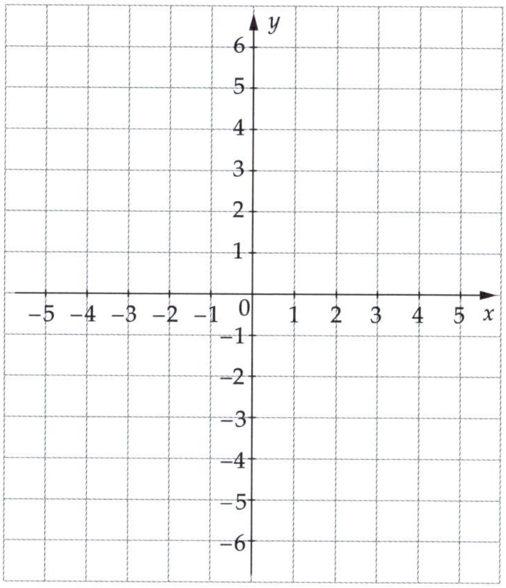

Beispiel

2. Algebraische Lösungsverfahren für Gleichungssysteme

Wieder ist ein Gleichungssystem aus zwei linearen Gleichungen gegeben. Jetzt sollst du aber die Lösung ohne die geometrische Methode finden – also ohne dass du die zwei entsprechenden Geraden zeichnest.

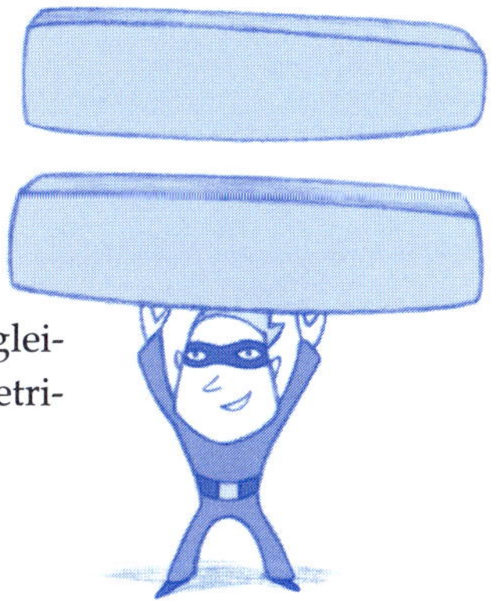

2.1 Gleichsetzungsverfahren

I: $y - x - 1$
II: $y = -2x + 5$

Wir suchen den x-Wert, für dessen Einsetzung beide Gleichungen den gleichen y-Wert liefern. (Dies entspricht dem Schnittpunkt S beim geometrischen Verfahren.) Deshalb setzen wir die y-Werte aus I und II gleich:

$$\underbrace{x - 1}_{\text{aus I}} = \underbrace{-2x + 5}_{\text{aus II}}$$

Damit erhalten wir eine neue Gleichung, in der nur noch der x-Wert vorkommt.
Aus dieser Gleichung kannst du also den x-Wert berechnen:

$$\begin{aligned} x - 1 &= -2x + 5 \quad &|+2x \\ 3x - 1 &= + 5 \quad &|+1 \\ 3x &= \ldots\ldots \quad &|:3 \\ x &= \ldots\ldots \end{aligned}$$

Da die Lösung immer aus einem Werte**paar** besteht, muss noch der zugehörige y-Wert berechnet werden. Dazu kannst du den x-Wert in die Gleichung I **oder** in die Gleichung II einsetzen.

Für $x =$ .... liefert I: $y =$ ....

Damit ergibt sich die Lösung: (.......... | ....)
x y

Setze zur Probe den errechneten x-Wert in die Gleichung II ein und bestätige den gefundenen y-Wert:

Probe Für $x =$ .... liefert II: $y =$ ....
Vergleiche mit der geometrischen Lösung von Seite 44.

Wenn du ein lineares Gleichungssystem mit dem Gleichsetzungsverfahren löst, gehst du folgende Schritte:

Tipp

- Löse beide Gleichungen nach y auf und
- setze sie gleich.
- Berechne daraus den x-Wert und
- setze diesen in die „leichtere" der beiden Gleichungen ein. So erhältst du den zum x-Wert gehörigen y-Wert.

Bo6 Löse das Gleichungssystem durch das Gleichsetzungsverfahren auf einem Beiblatt und trage die Lösung hier ein.

a) I: $y = 5x - 7$ II: $y = 3x + 9$ Lösung: (....... | ....)

b) I: $y = -12x - 17$ II: $y = 8x - 77$ Lösung: (....... | ....)

2.2 Einsetzungsverfahren

$$\text{I: } y = 3x - 4$$
$$\text{II: } 5y + 7x = 2$$

Du suchst wieder den x-Wert, für den beide Gleichungen beim Einsetzen den gleichen y-Wert liefern.
Diese Gleichheit der y-Werte kannst du ausnützen und in der Gleichung II anstelle des y den Term aus Gleichung I einsetzen – denn diese Gleichung ist bereits nach y aufgelöst.

Damit wird aus II

$$5y \quad + 7x = 2 \qquad |\text{ I in II einsetzen}$$

jetzt mit I in II:

$$5 \cdot (3x - 4) + 7x = 2 \qquad |\text{ Klammer auflösen}$$
$$15x - 20 \quad + 7x = 2 \qquad | + 20$$
$$22x = 22 \qquad | : 22$$
$$x = 1$$

Die Berechnung des zugehörigen y fällt dir besonders leicht, wenn du die Gleichung I verwendest. (Sie ist nämlich schon nach y aufgelöst!)

I $y = 3 \cdot$ .... $- 4 =$ ....

Damit ergibt sich als Lösung: (........ | ....)

Als Probe kannst du den gefundenen x-Wert und den y-Wert in die Gleichung II einsetzen und feststellen, ob die linke Seite gleich der rechten Seite ist.

Wenn du ein lineares Gleichungssystem mit dem Einsetzungsverfahren löst, gehst du folgende Schritte:

- Löse eine der Gleichungen nach x bzw. y auf und
- setze den Term für x bzw. y in die andere Gleichung ein.
- Berechne daraus den y-Wert bzw. x-Wert und
- setze diesen in die bereits aufgelöste Gleichung ein. So erhältst du den zugehörigen Wert.

Tipp

B07 Löse das Gleichungssystem durch das Einsetzungsverfahren auf einem Beiblatt und trage die Lösung hier ein.

a) I: $y = 17x - 23$
II: $3y - x = 31$ Lösung: (........ | ....)

b) I: $5y - 2x = 27$
II: $x = -4y + 6$ Lösung: (........ | ....)

2.3 Additionsverfahren

Das Ziel ist hier, die beiden Gleichungen

$$\begin{aligned} \text{I:}\quad & 5y - 4x = 3 \\ \text{II:}\quad & 3y - 6x = -3 \end{aligned}$$

durch Multiplikation so umzuformen (Äquivalenzumformung), dass bei der anschließenden Addition von I und II eine Variable herausfällt!

Für unser Beispiel: Multipliziere Gleichung I mit 3 und multipliziere Gleichung II mit −5.

$$\begin{aligned} \text{I} \cdot 3 \quad &\text{ergibt} \quad 15y - 12x = 9 \\ \text{II} \cdot (-5) \quad &\text{ergibt} \quad -15y + 30x = +15 \end{aligned}$$

$$\begin{aligned} \text{I} + \text{II} \quad &\text{ergibt} \quad +18x = 24 \quad |:18 \\ & x = \frac{24}{18} = \frac{4}{3} \end{aligned}$$

Setze den gefundenen x-Wert in I ein und berechne so den zugehörigen y-Wert:

$$\begin{aligned} \text{aus I} \quad & 5y - 4x = 3 \quad | \ x \text{ einsetzen} \\ \text{wird} \quad & 5y - 4 \cdot \frac{4}{3} = 3 \\ & 5y - \frac{16}{3} = 3 \quad \left| + \frac{16}{3} \right. \\ & 5y = \frac{25}{3} \quad |:5 \\ & y = \ldots\ldots \end{aligned}$$

Damit ergibt sich als Lösung: $(\underset{x}{\ldots\ldots} \mid \underset{y}{\ldots\ldots})$

Wenn du ein lineares Gleichungssystem mit dem Additionsverfahren löst, gehst du folgende Schritte:

Tipp

- Multipliziere eine bzw. beide Gleichungen, sodass eine der beiden Variablen herausfällt, wenn du die Gleichungen addierst.
- Berechne aus der so entstehenden Gleichung den Wert für die verbliebene Variable und
- setze den errechneten Wert in die „leichtere" der beiden Gleichungen I oder II ein. So erhältst du den zugehörigen Wert.

B08 Löse das Gleichungssystem durch das Additionsverfahren auf einem Beiblatt und trage die Lösung hier ein.

a) I: $6y - 7x = -9$
II: $-2y + 9x = 23$ Hinweis: $| \cdot 3$ Lösung: (........ | ....)

b) I: $-3y + 5x = 11$ Hinweis: $| \cdot 2$
II: $-4y - 2x = -20$ Hinweis: $| \cdot 5$ Lösung: (........ | ....)

c) I: $11y + 2x = -7$
II: $-9y - 3x = 3$ Lösung: (........ | ....)

Bei den folgenden Aufgaben ist nicht mehr angegeben, welches Verfahren du anwenden sollst. Du kannst zwar sicher sein, dass dich jedes Verfahren ans Ziel führt, aber dein Arbeitseinsatz wird verschieden groß sein.

- Das Gleichsetzungsverfahren bietet sich an, wenn beide Gleichungen bereits nach y bzw. x aufgelöst sind.
- Das Einsetzungsverfahren ist günstig, wenn du eine Gleichung leicht nach y oder auch nach x auflösen kannst.
- Das Additionsverfahren macht wenig Arbeit, wenn du erkennst, mit welchen Zahlen du die Gleichungen multiplizieren musst, damit sich beim Addieren die x-Terme bzw. y-Terme aufheben.

Bei allen drei Verfahren musst du beachten, dass die Lösung immer aus einem x-Wert **und** einem y-Wert besteht.

Tipp

B09 Berechne die Lösung oder Lösungen – falls vorhanden – des Gleichungssystems und trage sie hier ein.

a) I: $5y + 3x = -7$
II: $21 \quad 15y = 9x$ Lösung: (........ | ....)

b) I: $2x - 7y = -22$
II: $x = 4y - 13$ Lösung: (........ | ....)

c) I: $-3{,}5y + 2x = 3$
II: $14y + 3x = 43$ Lösung: (........ | ....)

d) I: $y = -5x + 6$
II: $y = 2x - 8$ Lösung: (........ | ....)

e) I: $6y - 4x = 12$
II: $10y + 8x = -20$ Lösung: (........ | ....)

f) I: $-4{,}5y + 3x = 9$
II: $9x - 18 = +13{,}5y$ Lösung: (........ | ....)

g) I: $4y - 4x + 4 = 0$
II: $3y + x - 9 = 0$ Lösung: (........ | ....)

3. Textaufgaben

Bei vielen Textaufgaben liegt es nahe, zwei Variable einzuführen, weil sie sich vom Text her anbieten. Um die Aufgabe zu lösen, musst du zwei Gleichungen aufstellen und dies Gleichungssystem dann lösen.

Beispiel Wenn du eine 500 Meter lange Strecke stromabwärts schwimmst, brauchst du 5 Minuten. Wenn du dieselbe Strecke stromaufwärts schwimmst, brauchst du 20 Minuten. Wie groß ist deine eigene Geschwindigkeit und wie groß ist die des Flusses?

Für die Geschwindigkeit gilt die Formel: $\text{Geschwindigkeit} = \frac{\text{Weg}}{\text{Zeit}}$

Gib die Geschwindigkeit jeweils in $\frac{\text{m}}{\text{min}}$ an.

- Deine Geschwindigkeit sei x (ohne Benennung rechnen).
- Die Flussgeschwindigkeit sei y.

Hinweis:
Stromabwärts addieren sich die Geschwindigkeiten: I: $x + y = \frac{500}{5}$

Stromaufwärts wirkt dir die Flussgeschwindigkeit entgegen: II: $x - y = \frac{500}{20}$

Löse dies Gleichungssystem durch das Additionsverfahren und trage hier die Lösung ein.

Antwort Meine eigene Geschwindigkeit beträgt ....

Die Flussgeschwindigkeit beträgt ....

B10 a) Ein Flugzeug braucht bei Rückenwind 40 Minuten $\left(\frac{2}{3}\text{ h}\right)$ für eine Strecke von 600 Kilometern. Bei Gegenwind verlängert sich die Flugzeit um 5 Minuten.

Berechne die Geschwindigkeit des Flugzeuges und des Windes in $\frac{\text{km}}{\text{h}}$.

Antwort Die Flugzeuggeschwindigkeit beträgt ....

Die Windgeschwindigkeit beträgt ....

b) Obwohl du nur folgende Angaben hast:
- 3 silberne und 2 kupferne Münzen wiegen zusammen 79 Gramm,
- 9 silberne und 4 kupferne Münzen wiegen zusammen 179 Gramm,

kannst du die Einzelgewichte berechnen.

Antwort Eine silberne Münze wiegt ....

Eine kupferne Münze wiegt ....

c) In einem rechtwinkligen Dreieck ist einer der spitzen Winkel um 6° größer als der andere.
Wie groß ist jeder Winkel?

Antwort Der eine Winkel beträgt ....

Der andere Winkel beträgt ....

4. Kombination von geometrischem und algebraischem Lösungsverfahren

Mithilfe von Geraden bzw. den zugehörigen Geradengleichungen lassen sich auch ganz praktische Fragestellungen lösen, wenn zum Beispiel das günstigere Angebot für ein Vertragshandy gesucht wird.

Beispiel

Ein Mobilnetzbetreiber bietet Vertragshandys und Kartenhandys zu folgenden Konditionen an:

Vertragshandy Teddy Active	**Kartenhandy Teddy Extra Plus**
AIKON 3410	AIKON 3410
Handy 0,00 €	Handy 129,95 € einschließlich
Einrichtungskosten: 24,95 €	15 € Gesprächsguthaben
Grundgebühr monatlich: 9,95 €	Grundgebühr monatlich: 0,00 €
Gesprächskosten: 0,175 €/min*	Gesprächskosten: 0,412 €/min*
SMS: 0,19 €	SMS: 0,19 €
Weitere Kosten: keine	Weitere Kosten: keine

* Bei der Errechnung der Gesprächskosten pro Minute wurde ein durchschnittlicher Wert angenommen.

Gib eine Kaufberatung zur Entscheidung zwischen Vertragshandy und Kartenhandy, bei einer Vertragslaufzeit von 24 Monaten. Gehe dabei davon aus, dass Gesprächsguthaben innerhalb der Vertragslaufzeit vollständig verbraucht werden.

Um die unterschiedlichen Kosten zu kalkulieren, setzen wir die „telefonierten" Minuten pro Monat mit x an. Kosten bei 24 Monaten Laufzeit:

Vertragshandy (VH)

$24 \cdot 9{,}95\,€ + x \cdot 24 \cdot 0{,}175\,€ + 24{,}95\,€ =$ ....

Kartenhandy (KH)

$129{,}95\,€$ .... $15\,€ + x \cdot 24 \cdot$ .... $€ =$ ....

Ohne die Maßeinheit € und als Geradengleichung geschrieben:

Kosten (VH) = ... Kosten (KH) = ...

Beachte: Bei dieser Vergleichsrechnung bleiben die SMS-Gebühren unberücksichtigt, weil sie bei beiden Anbietern gleich sind. Die wahren monatlichen Kosten können also deutlich höher liegen!

Um festzustellen, bei welcher Anzahl von Gesprächen die Kosten bei den beiden Handyvarianten gleich sind, müssen die beiden „Geradengleichungen" bzw. Kostenkalkulationen .... werden.

a) Geometrische bzw. zeichnerische Lösung:
   Lege ein entsprechendes Koordinatensystem an, zeichne die beiden Geraden ein und lies den zugehörigen Schnittpunkt ab. Beachte, dass im Koordinatensystem die Kosten auf der *y-Achse* angetragen werden!
   Ergänze den Lückentext:
   - Für $0 \leqq x <$ .... ist das ....handy billiger.
   - Für $x >$ .... ist das ....handy billiger.

b) Algebraisch ergibt die Gleichsetzung der beiden Geradengleichungen:

   ....

   Löse diese Gleichung auf: $x =$ ....

   Da die Kostengerade für das ....handy steiler ist, sind die Kosten für das ....handy höher, wenn monatlich länger als .... Minuten telefoniert wird.

Beispiel

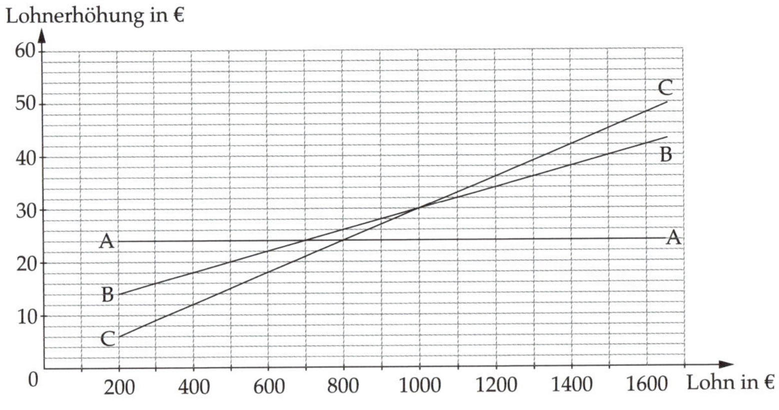

Die Grafik zeigt drei verschiedene Modelle (A, B, C) für Lohnerhöhungen.

a) Liste in einer Tabelle die Lohnerhöhungen in Euro in Abhängigkeit vom Lohn (200 €, 400 €, 600 €, …, 1600 €) für die verschiedenen Modelle auf.

b) Liste in einer Tabelle die Lohnerhöhungen in Prozentwerten in Abhängigkeit vom Lohn (200 €, 400 €, 600 €, …, 1600 €) für die verschiedenen Modelle auf.

5. Ungleichungssysteme

Hier geht es darum, die Erfüllungsmenge eines Systems von zwei Ungleichungen zu finden. Dabei kannst du deine Kenntnisse über die Lösungsmenge einer Ungleichung aus Abschnitt A3 direkt übertragen.

Beispiel

I: $4y - 4x + 4 > 0$
II: $3y + x - 9 < 0$

Um die Erfüllungsmengen von I und II zu finden, musst du die Ungleichungen nach y auflösen:

I: $y >$ ....
II: $y <$ ....

Zeichne die beiden zugehörigen Geraden in das Koordinatensystem ein (vergleiche Abschnitt A3),

- schraffiere die Erfüllungsmenge von I senkrecht,
- schraffiere die Erfüllungsmenge von II waagerecht.

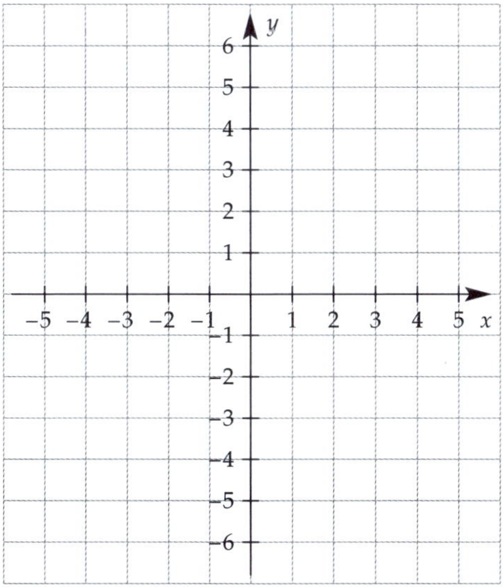

Die jetzt „kariert" erscheinende Fläche ist die Lösungsmenge des Ungleichungssystems. Dort liegen die Punkte, die sowohl die Ungleichung I als auch die Ungleichung II erfüllen.

B11 Kennzeichne die Erfüllungsmenge im Koordinatensystem.

a) I: $-4y + 2x - 10 > 0$
II: $5y + 5x - 10 < 0$

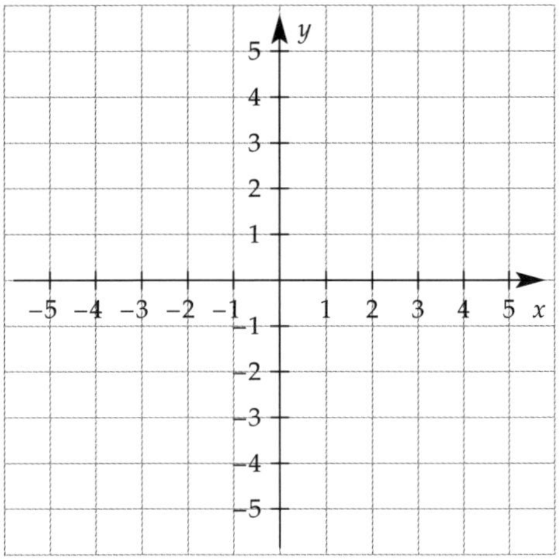

b) I: $3y - x - 7{,}5 < 0$
II: $6y - 2x - 9 > 0$

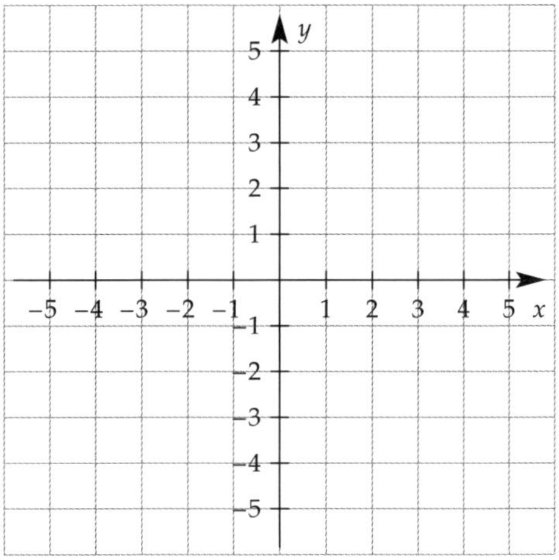

c) I: $-3y - 6x + 12 < 0$
II: $4y + 8x < 0$

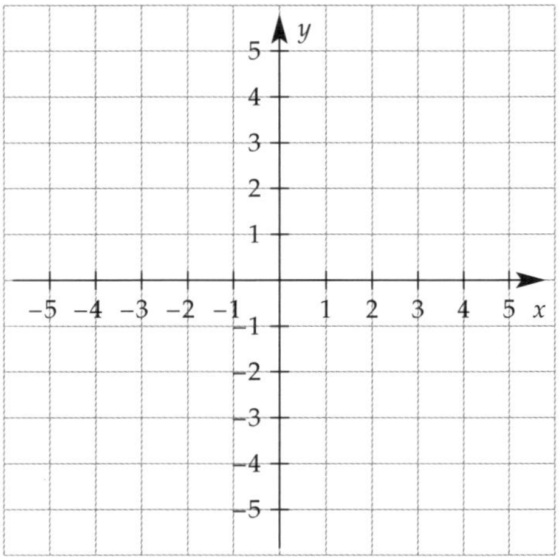

C Stochastik

Test

1. Wahrscheinlichkeiten

Gegeben sei eine Urne mit 20 Kugeln, wovon 12 schwarz, 5 weiß und 3 blau sind.

a) Bestimme P(schwarz). 5 P.

b) Bestimme P(weiß). 5 P.

c) Bestimme P(blau). 5 P.

d) Addiere die drei Wahrscheinlichkeiten und formuliere den zugehörigen Satz. 10 P.

2. Mehrstufige Zufallsexperimente

Gegeben sei eine Urne mit 20 Kugeln, wovon 12 schwarz, 5 weiß und 3 blau sind.

a) Bestimme den Ergebnisraum Ω für das zweimalige Ziehen ohne Zurücklegen. 10 P.

b) Zeichne das zugehörige Baumdiagramm. 15 P.

c) Bestimme die Wahrscheinlichkeit für alle Elementarereignisse. 15 P.

3. Erwartungswert
Alfred (A) und Bianca (B) vereinbaren folgende Spielregeln:
A übernimmt die Rolle der Spielbank – er zahlt die Gewinne aus und kassiert den Spieleinsatz. B übernimmt die Rolle des Spielers.
B würfelt mit einem Laplace-Würfel. Bei einer Sechs erhält sie 3 €.
Wie hoch muss der Einsatz sein, damit A – auf längere Sicht – nicht draufzahlt? 7 P.

Summe deiner Punkte: ....

In diesem Kapitel werden Probleme der Statistik und Wahrscheinlichkeitslehre behandelt. Über einfache Fragestellungen (*Wie wahrscheinlich ist es, eine 6 zu würfeln?*) und Definitionen (*Was versteht man unter Wahrscheinlichkeit?*) schaffen wir Grundlagen dafür, Statistiken und Prognosen (zum Beispiel Vorhersagen bei Wahlen) kritisch zu überprüfen. Dabei kommt es darauf an, dass du dich mit neuen Denkansätzen vertraut machst, ohne dabei dein bisher erworbenes mathematisches Wissen aufzugeben. Als Beispiel zur Einstimmung sollen die folgenden Überlegungen dienen:

Bei Fußballspielen wird die Seitenwahl durch das Werfen einer Münze (eine Seite „Kopf", die andere Seite „Zahl") entschieden. Überlege: Wie groß ist die Wahrscheinlichkeit dafür, dass die Mannschaft A die Seitenwahl gewinnt?
Deine Antwort dürfte lauten: .... %.
(Überprüfe deine Antwort mithilfe des Lösungsteils.)

Stelle dir nun als Nächstes vor, dass die Mannschaft A bei den letzten 5 Spielen jeweils die Seitenwahl verloren hat. Überlege: Wie groß ist die Wahrscheinlichkeit dafür, dass die Mannschaft A im sechsten Spiel die Seitenwahl gewinnt?
Deine Antwort lautet: .... %.
(Überprüfe wieder deine Antwort, bevor du weiterliest.)

Die richtige Antwort muss auch jetzt wieder lauten: 50 %. Denn die Münze, die vor dem sechsten Spiel geworfen wird, hat kein „Gedächtnis" und kann nicht berücksichtigen, dass es „gerechter" wäre, wenn die Mannschaft A endlich mal wieder die Seitenwahl gewinnen würde.

Neben solchen Gedankengängen, die in der Mathematik erstmals im Stoffgebiet der Stochastik auftauchen, wirst du aber auch lernen, die Wahrscheinlichkeit dafür zu berechnen, dass die Mannschaft A fünfmal hintereinander die Seitenwahl verliert. Außerdem tauchen in diesem Kapitel viele Begriffe auf, die du aus der Umgangssprache kennst – hier haben sie aber immer eine sehr spezielle, genau definierte Bedeutung und du wirst am Anfang häufig zur entsprechenden Definition zurückblättern, um sie zu wiederholen.

1. Zufallsexperimente

Aus dem Unterricht sind dir sicher die meisten der folgenden Spiel- bzw. Versuchsanordnungen bekannt, mit deren Hilfe wir Gesetzmäßigkeiten herleiten werden. Als Modelle für so genannte Zufallsexperimente werden wir verwenden:

- Würfeln mit einem „normalen" Spielewürfel; der Würfel soll nicht manipuliert sein. Solch ein Würfel, bei dem alle Seiten gleich oft oben liegen, wenn man sehr oft würfelt, heißt **Laplace-Würfel**.
- Zufälliges Ziehen einer (oder mehrerer) Kugeln aus einer Urne; hier sind alle Kugeln gleich groß mit zum Teil unterschiedlichen Farben.
  zum Beispiel: 5 weiße Kugeln
  3 schwarze Kugeln
  2 blaue Kugeln
- Zufälliges Ziehen von Karten aus einem – nicht gezinkten – Kartenspiel (mit 32 Karten).
  Dabei gibt es vier verschiedene „Farben" der Karten:
  Kreuz ♣ Pik ♠
  Herz ♥ Karo ♦
- Einmaliges oder mehrmaliges Drehen an einem – nicht manipulierten – Glücksrad.
  Zum Beispiel vier verschiedenfarbige und unterschiedlich große Felder.
- Spielen an einem – nicht manipulierten – Glücksspielautomaten mit 3 Glücksrädern: Jedes Glücksrad ist in sechs gleich große Felder geteilt, auf denen
  3-mal ein Stern,
  2-mal ein Mond und
  1-mal eine Sonne
  zu sehen ist. Im Sichtfenster erscheinen nach jedem Spiel drei Symbole.

- Einmaliges oder mehrmaliges Werfen einer Münze; die Gewichtsverteilung innerhalb der Münze ist gleichmäßig. Beide Seiten liegen gleich oft oben, wenn man sehr oft wirft. Dies nennt man eine **Laplace-Münze**.
  Die beiden Seiten der Münze sollen immer K für Kopf und Z für Zahl heißen.

Bei bestimmten Vorgaben (zum Beispiel dreimal nacheinander „blind“ eine Kugel aus der Urne ziehen) werden wir die Wahrscheinlichkeit für den Eintritt eines bestimmten Ergebnisses berechnen (zum Beispiel sollen alle drei gezogenen Kugeln weiß sein). Und die Erkenntnisse, die wir aus diesen Modellüberlegungen gewinnen, lassen sich dann auf ganz praktische Anwendungen übertragen, zum Beispiel:
Wie viele Personen müssen vor einer Wahl befragt werden, damit sich der Wahlausgang bis auf 2 % Genauigkeit vorhersagen lässt?

2. Häufigkeit

In diesem Unterkapitel beschäftigen wir uns mit der Auswertung von konkret durchgeführten „Experimenten“.

Beispiel **Würfeln**

Nach 100-maligem Würfeln mit einem Spielewürfel wurden folgende Ergebnisse erzielt und in einer **Strichliste** festgehalten:

Würfe	Augenzahlen					
	1	2	3	4	5	6
1–10	I	IIIII	II			II
11–20	III	I		III	I	II
21–30	IIII			II	II	II
31–40	I	II	II	II	II	I
41–50	I		I	IIII	III	I
51–60	II		I	III	II	II
61–70	I	I	III	III	I	I
71–80	III			II	III	II
81–90		I	I	II	IIIII	I
91–100	I		I	I	IIIII	II
Summe	17	....	11	....	24	....

(Die Unterteilung der Strichliste in je 10 Würfe ist normalerweise unnötig. Sie wird aber in diesem Buch auf den folgenden Seiten noch gebraucht.)

Mithilfe dieser Strichliste lassen sich wichtige Begriffe klären.

Die letzte Zeile der Strichliste (in der du die fehlenden Zahlen ergänzt hast) stellt eine **Häufigkeitstabelle** dar.
Die Zahlen dieser Häufigkeitstabelle geben die **absoluten Häufigkeiten** k an.

Definition

Im Beispiel gilt:

Die Zahl 1 wurde mit der absoluten Häufigkeit *17* gewürfelt.
Die Zahl 2 wurde mit der absoluten Häufigkeit *10* gewürfelt.
Die Zahl 3 wurde mit der absoluten Häufigkeit ..... gewürfelt.
Die Zahl 4 wurde mit der absoluten Häufigkeit ..... gewürfelt.
Die Zahl 5 wurde mit der absoluten Häufigkeit ..... gewürfelt.
Die Zahl 6 wurde mit der absoluten Häufigkeit ..... gewürfelt.

Kontrolliere, ob die Summe der Einträge in der Häufigkeitstabelle mit der Gesamtzahl aller Würfe übereinstimmt.

!

Wenn man diese absoluten Häufigkeiten k ins Verhältnis setzt zur Gesamtzahl n der Würfelvorgänge, ergeben sich die **relativen Häufigkeiten**:

relative Häufigkeit $h = \frac{k}{n}$

Definition

Im Beispiel gilt:

Die Zahl 1 wurde mit der relativen Häufigkeit von $\frac{17}{100} = 0{,}17$ gewürfelt.
(das heißt, in 17 von 100 Fällen erschien die 1!)

Die Zahl 2 wurde mit der relativen Häufigkeit von $\frac{10}{100} = 0{,}10$ gewürfelt.

Die Zahl 3 wurde mit der relativen Häufigkeit von $\frac{\dots\dots}{\dots\dots}$ = 0,..... gewürfelt.

Die Zahl 4 wurde mit der relativen Häufigkeit von $\frac{\dots\dots}{\dots\dots}$ = 0,..... gewürfelt.

Die Zahl 5 wurde mit der relativen Häufigkeit von $\frac{\dots\dots}{\dots\dots}$ = 0,..... gewürfelt.

Die Zahl 6 wurde mit der relativen Häufigkeit von $\frac{\dots\dots}{\dots\dots}$ = 0,..... gewürfelt.

Ergänze die folgenden Sätze:

- Wenn eine Zahl überhaupt nicht (also 0-mal) gewürfelt wird, ergibt sich hierfür die relative Häufigkeit $\frac{\dots}{n} = \dots$.
- Wenn beim Würfeln immer ein und dieselbe Zahl erscheinen würde, ergäbe sich bei n Würfen die relative Häufigkeit $\frac{\dots}{n} = \dots$.
- Dabei gilt für alle relativen Häufigkeiten, dass sich immer Zahlen ergeben, die zwischen .... und .... liegen.

Häufigkeitstabellen lassen sich auch in **Stab**- bzw. **Balkendiagrammen** und in **Kreis**- bzw. **Tortendiagrammen** darstellen:

Ergänze das Stabdiagramm mit den Zahlen aus dem Beispiel:

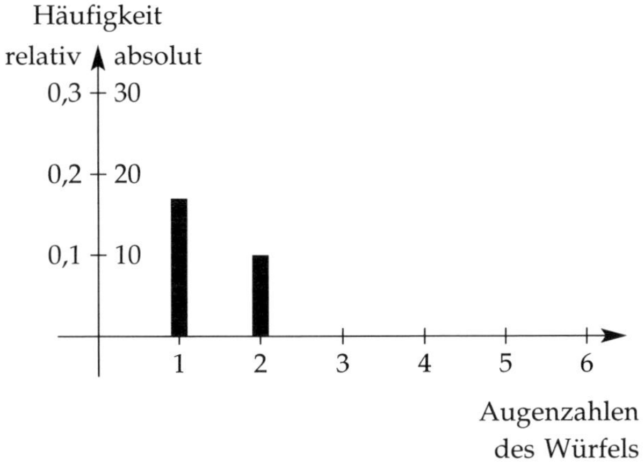

Was hättest du für ein Stabdiagramm erwartet, wenn du davon ausgehst, dass es ein Laplace-Würfel ist?

Ich hätte erwartet, dass alle Stäbe .... sind!

Ergänze das Kreisdiagramm. – Erinnere dich: $\frac{360°}{100} \mathrel{\widehat{=}} 3{,}6° \mathrel{\widehat{=}} 1\ \%$. Da hier 100 Würfe auch 100 % entsprechen, gilt:

1 Wurf $\mathrel{\widehat{=}}$ 1 % $\mathrel{\widehat{=}}$ 3,6°
17 Würfe mit einem Auge $\mathrel{\widehat{=}}$ 3,6° · 17 = 61,2°
10 Würfe mit zwei Augen $\mathrel{\widehat{=}}$ 3,6° · .... = ...
11 Würfe mit drei Augen $\mathrel{\widehat{=}}$ .... · .... = ...
22 Würfe mit vier Augen $\mathrel{\widehat{=}}$ .... · .... = ...
.... Würfe mit fünf Augen $\mathrel{\widehat{=}}$ .... · .... = ...

Für die restlichen 16 Würfe bleiben ....° übrig.

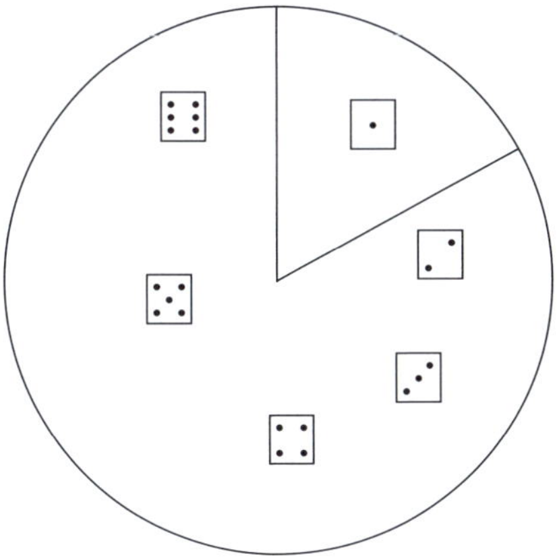

Was für ein Kreisdiagramm hättest du für einen Laplace-Würfel eigentlich erwartet?
Ich hätte erwartet, dass alle Kreissektoren .... sind!

Woran mag es wohl liegen, dass diese Erwartung nicht eingetroffen ist? – Um eine Antwort zu finden, werden wir uns jetzt den Verlauf des Würfelversuchs genauer ansehen und ihn anschließend noch erweitern und auf eine Gesamtwurfzahl von 200 ausdehnen. Dazu müssen wir aber erst einmal verstehen, was ein Mittelwert ist:

Der **Mittelwert** m der absoluten Häufigkeiten ergibt sich, indem du die Summe aller Häufigkeiten durch die Anzahl der möglichen verschiedenen Ergebnisse teilst.

Definition

Für das Beispiel ergibt sich:

$$m = \frac{17 + 10 + 11 + \dots\dots + \dots\dots + \dots\dots}{6} = \underset{\text{Dezimalzahl}}{\dots\dots} = \underset{\text{gemischte Zahl}}{\dots\dots}$$

Am nächsten beim errechneten Mittelwert liegen in unserem Beispiel die erzielten Wurfzahlen für die Augenzahlen .... und .... (Für die anderen Augenzahlen sind die Abweichungen zum Teil erheblich!)

Wenn du den Mittelwert nur für die ersten zehn Würfe berechnest, ergibt sich:

$$m_{1-10} = \frac{1 + 5 + \dots\dots + 0 \dots\dots + \dots\dots}{6} = \underset{\text{Dezimalzahl}}{\dots\dots} = \underset{\text{gemischte Zahl}}{\dots\dots}$$

Auch hier wird die Summe im Zähler durch 6 geteilt, da wieder sechs verschiedene Ergebnisse möglich waren (auch wenn nicht jedes davon eingetroffen ist).

Im zugehörigen Stabdiagramm für die ersten 10 Würfe werden die Abweichungen der einzelnen Ergebnisse vom Mittelwert besonders deutlich. Ergänze die beiden noch fehlenden Stäbe.

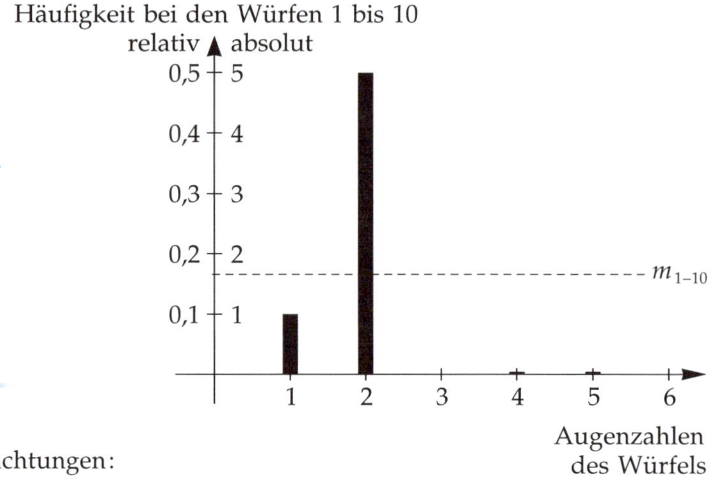

Beobachtungen:

- Die 2 kommt ....-mal so oft vor wie die 1.
- Die .... und die .... kommen gar nicht vor.

Wenn du als Nächstes den Mittelwert für die ersten zwanzig Würfe berechnest (dabei musst du zunächst die Striche der ersten beiden Zeilen für jede Augenzahl addieren), ergibt sich:

$$m_{1-20} = \frac{4 + 6 + 2 + \ldots\ldots + \ldots\ldots + \ldots\ldots}{6} = \underset{\text{Dezimalzahl}}{\ldots\ldots} = \underset{\text{gemischte Zahl}}{\ldots\ldots}$$

Ergänze im zugehörigen Stabdiagramm die fehlenden Stäbe und den Mittelwert m_{1-20}.

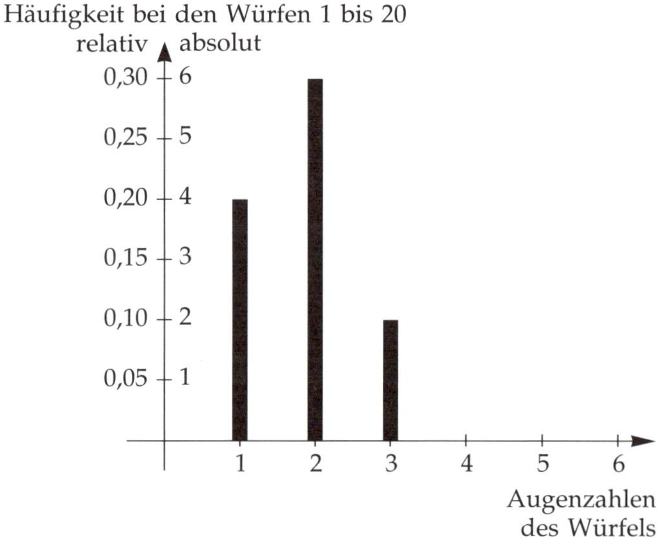

Beobachtungen:

- Die 2 kommt ....-mal so oft vor wie die 5.
- Jede Augenzahl kommt mindestens ....-mal vor.

Wenn wir dieses Zeichnen in Zehner-Schritten bis zum Stabdiagramm für 100 Würfe fortsetzen würden, könnten wir vermutlich feststellen, dass sich die Unterschiede zwischen den Wurfzahlen immer weiter

....

Ob sich dieses Angleichen der Einzelergebnisse bei steigender Wurfzahl fortsetzt, werden wir durch eine Versuchserweiterung feststellen.

Bei den nächsten 100 Würfen ergab die Strichliste folgendes Ergebnis:

Würfe	Augenzahlen					
	1	2	3	4	5	6
101–150	~~IIII~~ ~~IIII~~	~~IIII~~ II	~~IIII~~ IIII	~~IIII~~ III	~~IIII~~ III	~~IIII~~ III
151–200	~~IIII~~ I	~~IIII~~ ~~IIII~~ I	~~IIII~~ II	~~IIII~~	~~IIII~~ III	~~IIII~~ ~~IIII~~ III
Summe	16	18	....	....	....	....

Wenn du die Ergebnisse der Wertetabelle von Seite 62 für die Würfe von 1 bis 100 mit den weiteren Würfen von 101 bis 150 und 151 bis 200 zusammenfasst, kannst du folgende Wertetabelle vervollständigen:

Würfe	Augenzahlen					
	1	2	3	4	5	6
0–50	10	8	5	....	....	....
0–100	17	10	11	....	....	....
0–150	27	17	20	....	....	....
0–200	33	28	27	....	....	....

Erstelle hieraus in den folgenden Achsenkreuzen die zugehörigen Stabdiagramme mit den jeweiligen Mittelwerten.
Der Maßstab auf den nach oben führenden Achsen wurde jeweils entsprechend der Gesamtzahl der Würfe geändert, deshalb liegt die gestrichelte Linie des Mittelwertes immer auf gleicher Höhe. So lassen sich die Abweichungen der Einzelergebnisse vom Mittelwert zwischen den Schaubildern gut vergleichen.

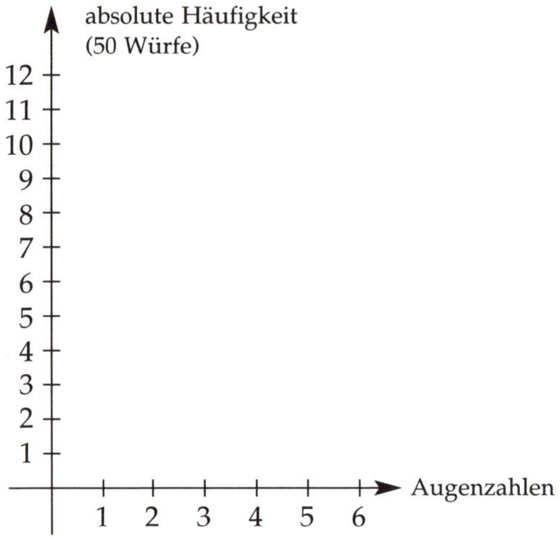

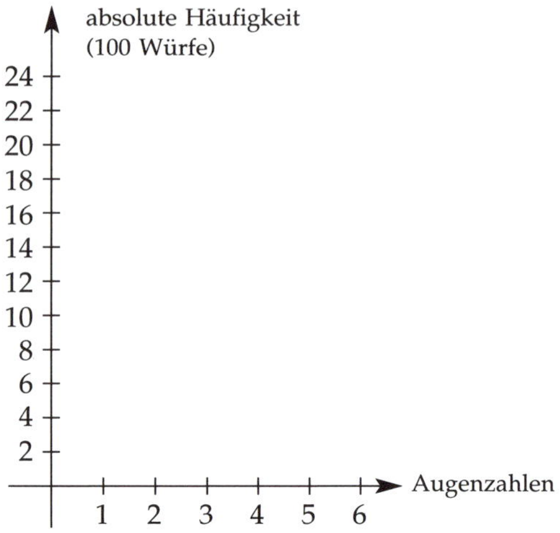

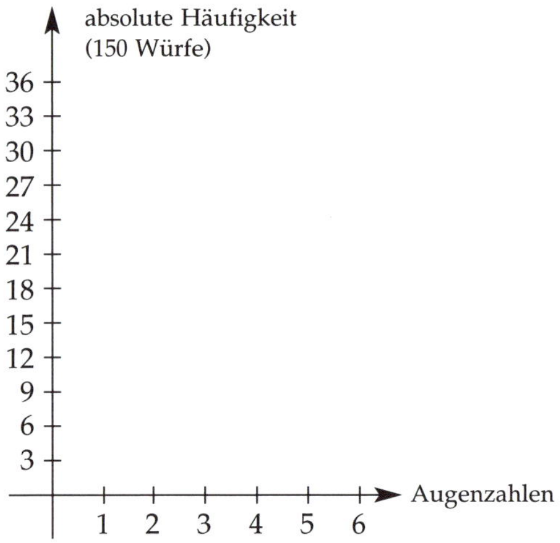

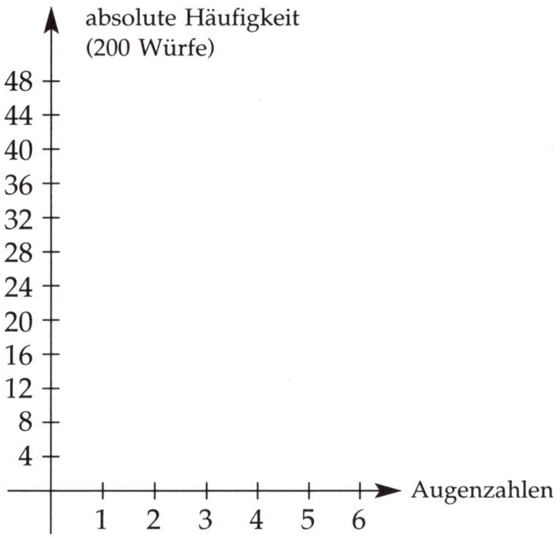

Beim Vergleich der vier Schaubilder siehst du:

Gesetz der großen Zahl

Mit steigender .... der Würfe nähern sich die erzielten Wurfzahlen für die einzelnen Augenzahlen des Würfels immer weiter dem jeweiligen .... an.

Lose ziehen

Beispiel

Aus einer Urne mit: 6 weißen Kugeln
4 schwarzen Kugeln
2 blauen Kugeln

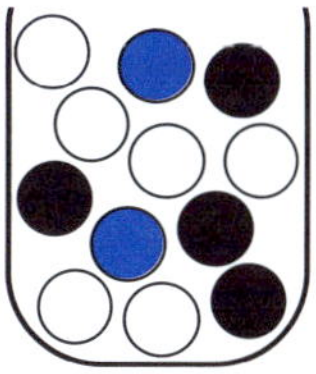

soll immer eine Kugel gezogen werden. Diese Kugel wird – nachdem ihre Farbe notiert wurde – wieder in die Urne zurückgelegt. Außerdem werden die Kugeln vor jedem Ziehen immer gut durchgemischt.

Bevor du die Tabelle auswertest, die für 120-maliges Ziehen erstellt wurde, sollst du dieses Mal „Vermutungen" anstellen. Betrachte noch einmal den Urneninhalt genau und versuche, daraus die folgenden Schätzungen herzuleiten:

- Bei 120-maligem Ziehen – mit Zurücklegen – werden

  etwa .... Kugeln weiß sein,

  etwa .... Kugeln schwarz sein und

  etwa .... Kugeln blau sein.

- Die Zahl der schwarzen Kugeln wird etwa .... so hoch sein wie die Zahl der blauen Kugeln.

Tatsächlich hat sich bei einem konkret durchgeführten Experiment folgende Zahlenverteilung ergeben:

Ziehungen	Farben		
	weiß	schwarz	blau
0–30	𝍸 𝍸 III	𝍸 𝍸 𝍸 I	I
31–60	𝍸 𝍸 𝍸 III	𝍸 II	𝍸
61–90	𝍸 𝍸 𝍸 𝍸	𝍸 II	III
91–120	𝍸 𝍸 𝍸 I	𝍸 𝍸	IIII
Summe	67	....	....

Die Versuchszahlen stimmen zwar nicht exakt mit den erwarteten Zahlen überein, nähern sich ihnen aber mit steigender Versuchszahl an. Diese näherungsweise erreichte Übereinstimmung führt uns zum nächsten Stichwort.

3. Wahrscheinlichkeit

Mithilfe des Wahrscheinlichkeitsbegriffs wollen wir versuchen, Vorhersagen über bevorstehende Versuche zu machen, deren Ergebnisse wir also noch gar nicht kennen.

Bevor du die exakte Definition kennen lernst, sollst du versuchen, dir den neuen Begriff der Wahrscheinlichkeit selbst klar zu machen. Dabei lassen sich Wahrscheinlichkeiten immer auf zwei Arten ausdrücken: entweder als Prozentzahlen in Dezimalschreibweise oder als Bruchzahlen.

$\left(\text{Du erinnerst dich sicher noch: } 20\,\% = \frac{20}{100} = 0{,}2 = \frac{1}{5} \right)$

Beispiel

a) Wie groß ist die Wahrscheinlichkeit P (für engl. probability) dafür, dass man bei einem Münzwurf die Seite „Kopf" K erhält?

Da es .... Möglichkeiten für ein Ergebnis, nämlich „Kopf" und „Zahl" gibt, beträgt die Wahrscheinlichkeit für Kopf:

$$P(\text{Kopf}) = \frac{1}{\dots\dots} = \dots\dots\%$$

b) Wie groß ist die Wahrscheinlichkeit P dafür, dass man bei einmaligem Würfeln eine 6 würfelt?

Da es insgesamt .... Möglichkeiten für das Würfelergebnis gibt, nämlich alle Zahlen von .... bis ...., beträgt die Wahrscheinlichkeit für die 6:

$$P(6) = \frac{1}{\dots\dots} = \dots\dots\%$$

c) Wie groß ist die Wahrscheinlichkeit P dafür, dass man aus einer Urne mit 10 Kugeln – davon 5 weiße, 3 schwarze und 2 blaue – bei einmaligem Ziehen eine blaue Kugel erhält?

Da die Urne insgesamt .... Kugeln enthält und hiervon .... blau sind, beträgt die Wahrscheinlichkeit

$$P(\text{blau}) = \frac{\dots\dots}{10} = \dots\dots\%.$$

d) Wie groß ist die Wahrscheinlichkeit P dafür, dass man aus einem Spiel mit 32 Karten (vergleiche Abschnitt C1) eine Kreuz-Karte (♣) zieht?

Da das Spiel insgesamt .... Karten enthält und hiervon .... Kreuz-Karten sind, beträgt die Wahrscheinlichkeit

$$P(\text{Kreuz}) = \frac{\dots\dots}{\dots\dots} = \dots\dots\%.$$

Aus diesen Beispielen kannst du die allgemeine Definition der Wahrscheinlichkeit herleiten.

Definition

Die **Wahrscheinlichkeit** P für den Ausgang eines Zufallsexperimentes, bei dem alle Möglichkeiten erfasst werden, berechnet sich als Quotient; im Zähler steht, wie oft das betrachtete Ergebnis in der Zahl der Möglichkeiten vorhanden ist; im Nenner steht, wie viele mögliche Ergebnisse es überhaupt gibt.

kurz: $P = \frac{\text{Anzahl der betrachteten Ergebnisse}}{\text{Anzahl der möglichen Ergebnisse}}$

C01 Gegeben sei wieder die Urne mit 10 Kugeln, wovon 5 weiß, 3 schwarz und 2 blau sind.

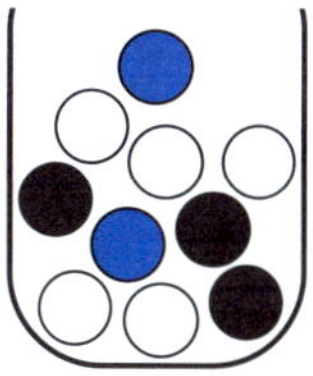

a) Bestimme $P(\text{schwarz}) = \frac{\dots}{\dots} = \dots\%$

b) Bestimme $P(\text{weiß}) = \frac{\dots}{\dots} = \dots\%$

c) $P(\text{blau})$ hast du bereits im letzten Beispiel berechnet.

$P(\text{blau}) + P(\text{schwarz}) + P(\text{weiß}) = \frac{\dots}{\dots} + \frac{\dots}{\dots} + \frac{\dots}{\dots} = \dots$

Regel

Beachte, dass die Summe aller möglichen Wahrscheinlichkeiten immer 100 % ergibt!

C02 Diesmal sei die Urne vom Beispiel „Lose ziehen" auf Seite 69 gegeben mit 12 Kugeln, davon 6 weiße, 4 schwarze und 2 blaue.

a) Bestimme $P(\text{weiß}) = \frac{\dots}{\dots} = \dots\%$

b) Bestimme $P(\text{schwarz}) = \frac{\dots}{\dots} = \dots\%$

c) Aus diesen beiden Wahrscheinlichkeiten kannst du auf die verbleibende Wahrscheinlichkeit für $P(\text{blau})$ schließen, ohne sie direkt zu berechnen:

$P(\text{blau}) = 100\% - P(\text{weiß}) - P(\text{schwarz}) =$

$= 100\% - \dots\% - \dots\% = \dots\%$

Diese beiden Aufgaben zeigen, dass man mit gezieltem Befüllen der Urne jede beliebige Wahrscheinlichkeitsverteilung erreichen kann.

C03 Bestimme die Wahrscheinlichkeit dafür, dass aus einem 32er Kartenspiel eine Karte mit dem Punktwert null gezogen wird.
(Den Punktwert null haben alle 7er, 8er und 9er Karten – bei insgesamt vier Farben im Spiel gibt es also zwölf Karten mit diesem Punktwert.)

$P(\text{null}) = \frac{\dots\dots}{\dots\dots} = \dots\dots\%$

C04 Wie groß ist die Wahrscheinlichkeit dafür, dass das Glücksrad mit der gezeichneten Winkeleinteilung nach dem Drehen auf dem dunkelgrauen Feld stehen bleibt?

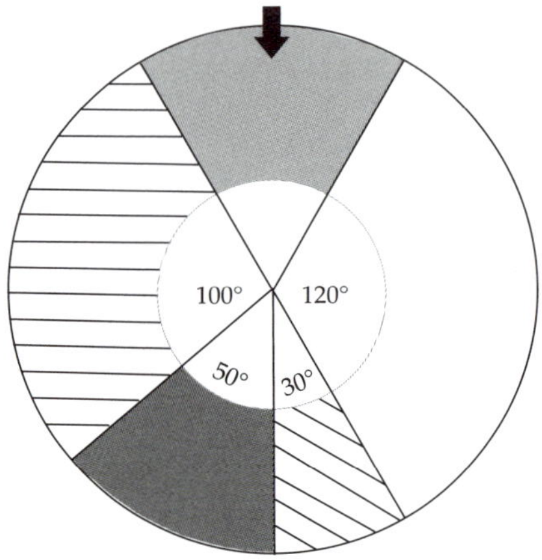

Hier müssen wir die „Anzahlen" der gewünschten bzw. möglichen Ergebnisse durch die entsprechenden Mittelpunktswinkel ausdrücken!

Zunächst musst du den Mittelpunktswinkel bestimmen, der zu dem hellgrauen Feld gehört: Überlege, wie groß die Summe aller Mittelpunktswinkel ist!

$\dots\dots^\circ - 120^\circ - 30^\circ - \dots\dots^\circ - \dots\dots^\circ = \dots\dots^\circ$

Der Mittelpunktswinkel des hellgrauen Feldes beträgt ……°.

$\Rightarrow P(\text{hellgrau}) = \frac{\dots\dots}{360^\circ} = \underbrace{\dots\dots}_{\text{Bruchzahl}} = \dots\dots\%$

Mit der entsprechenden Winkeleinteilung kann man also auch jede gewünschte Wahrscheinlichkeitsverteilung erreichen.

Nach diesen Beispielen und Aufgaben fällt es dir sicher leicht, einige Eigenschaften zu vervollständigen, die für alle Wahrscheinlichkeiten gelten:

Merke!

- Die **Summe aller Wahrscheinlichkeiten** für die verschiedenen Ergebnisse eines Zufallsexperiments ergibt immer .... bzw. ....%.
- Die Wahrscheinlichkeit für ein **unmögliches Ergebnis** („Ziehe aus unserem 32er Kartenspiel einen Joker“ bzw. „Ziehe aus der Urne von Aufgabe C1 eine gestreifte Kugel“) beträgt immer .... bzw. ....%.
- Die Wahrscheinlichkeit null bedeutet, dass das zugehörige Ergebnis .... ist.
- Die Wahrscheinlichkeit für ein **sicheres Ergebnis** („Das Glücksrad bleibt irgendwo stehen“ bzw. „Die gezogene Kugel aus der Urne von Aufgabe C1 ist weiß oder schwarz oder rot“) beträgt immer .... bzw. ....%.
- Die Wahrscheinlichkeit 1 bedeutet, dass das zugehörige Ergebnis .... ist.

Alle Beispiele, die du bisher als Zufallsexperimente kennen gelernt hast, bestanden aus einmaligen Handlungen: „eine Kugel ziehen“ bzw. „eine Karte ziehen“ oder auch „einmal würfeln“ usw. Dabei konnte beim einmaligen Durchführen eines Zufallsexperimentes das jeweilige Ergebnis zwar nicht vorhergesagt werden – es war aber immer ein Ergebnis aus einer bekannten Menge von insgesamt möglichen Ergebnissen.

Definition

Die Menge aller möglichen Ergebnisse eines Zufallsexperimentes heißt **Ergebnisraum** Ω.

4. Ereignis

Für manche Fragestellungen ist der ausführliche Ergebnisraum zu umständlich. Beim Beginn des „Mensch-ärgere-dich-nicht!“-Spiels kommt es zum Beispiel nur darauf an, eine 6 zu würfeln, damit man „raus“ kann. Hier interessiert also beim Würfeln nur die Unterscheidung zwischen „6“ und „nicht 6“.

Definition

Die Zusammenfassung von Ergebnissen heißt **Ereignis** E.
kurz: Eine Teilmenge E von Ω heißt Ereignis.

Der Rest von Ω, also alle Elemente von Ω, die nicht zur Teilmenge E gehören, heißt **Gegenereignis** $\bar{E}$ (lies für $\bar{E}$: E *quer* oder *Nicht-E*).

Für ein Ereignis E und das Gegenereignis $\bar{E}$ gilt:

$$E \cup \bar{E} = \Omega$$

bzw. $E = \Omega \setminus \bar{E}$

bzw. $\bar{E} = \Omega$ ....

bzw. $E \cap \bar{E} =$ ....

Für die Wahrscheinlichkeit P eines Ereignisses E gilt entsprechend der Definition von Seite 71:

Definition

$P(E) = \frac{|E|}{|\Omega|}$; $|E|$ ist die **Mächtigkeit** der Menge E; das heißt, $|E|$ gibt die Anzahl der Elemente an, die in E liegen. Entsprechend gibt $|\Omega|$ die Anzahl aller Elemente an, die in Ω liegen.

!

Damit du die Begriffe *Ereignis* und *Ergebnis* nicht verwechselst, musst du dich nur daran erinnern, dass ein Ereignis immer eine Menge ist.
Das Wort *Ergebnis* dagegen ist die Kurzform von *Rechenergebnis* – und jetzt siehst du sofort, dass es ein ganz allgemeiner mathematischer Begriff ist, der mit einer Menge nichts zu tun hat!

Beispiel Für den Beginn des „Mensch-ärgere-dich-nicht!"-Spiels können wir also festlegen:

$$\Omega = \{\underbrace{1; 2; 3; 4; 5}_{\bar{E}}; \underbrace{6}_{E}\}$$

In Worten: E: *Ich würfle eine 6.*
$\bar{E}$: *Ich würfle keine 6.* bzw.
Ich würfle eine 1 oder 2 oder 3 oder 4 oder 5.

In der Mengenschreibweise: $\left.\begin{array}{l} E = \{6\} \\ \bar{E} = \{1; 2; 3; 4; 5\} \end{array}\right\} \Rightarrow \Omega = E \text{ .... } \bar{E}$

oder auch $\bar{E} = \Omega \setminus E =$
$= \{1; 2; 3; 4; 5; 6\} \setminus \{\text{........}\} = \{\text{..............................}\}$

bzw. $E = \Omega \setminus \bar{E} =$
$= \{\text{..............................}\} \setminus \{\text{..............................}\} = \{\text{........}\}$

Für die Wahrscheinlichkeiten gilt:

$$P(E) = P(6) = \frac{\dots\dots}{6}$$

$$P(\bar{E}) = P\ (\textit{Ich würfle keine 6}) = P\ (\textit{Ich würfle eine 1, 2, 3, 4 oder 5}) =$$

$$= \frac{\dots\dots}{6} \quad \text{mit}$$

$$P(E) + P(\bar{E}) = \frac{\dots\dots}{6} + \frac{\dots\dots}{6} = \frac{\dots\dots}{6} = \dots\dots$$

C05 Für die Urne mit 5 weißen, 3 schwarzen und 2 blauen Kugeln (vergleiche Aufgabe C1), definieren wir:

E: Ich ziehe eine schwarze Kugel.

Damit gilt: $\bar{E}$: *Ich ziehe eine nicht schwarze Kugel = Ich ziehe eine* ....

oder eine .... *Kugel.*

Und für die Ereigniswahrscheinlichkeiten erhalten wir:

$$P(E) = P(\text{schwarz}) = \frac{\dots\dots}{10} \quad \text{und}$$

$$P(\bar{E}) = P(\text{nicht schwarz}) = \frac{\dots\dots}{10}$$

Auch hier gilt wieder: $P(E) + P(\bar{E}) = \frac{\dots\dots}{10} + \frac{\dots\dots}{10} = \dots\dots$

C06 Für das 32er Kartenspiel haben wir in Aufgabe C3 berechnet:

$$P(\text{null}) = \frac{\dots\dots}{32}$$

Damit können wir sofort herleiten:

$$P(\text{nicht null}) = \frac{\dots\dots}{32}$$

Ausführlich hätten wir auch überlegen können:

$$P(\text{nicht null}) = P(\text{10 oder 2 oder 3 oder 4 oder 11}) =$$

$$= P(\text{10 oder Bube oder Dame oder König oder Ass}) =$$

$$= \frac{4}{32} \dots\dots \frac{\dots\dots}{32} \dots\dots \frac{\dots\dots}{32} \dots\dots \frac{\dots\dots}{32} \dots\dots \frac{\dots\dots}{32} = \frac{\dots\dots}{32}$$

Aus Beispiel und Aufgaben ergeben sich die allgemein gültigen Formeln für die Ereigniswahrscheinlichkeit:

Regel

$P(E) + P(\bar{E}) = \dots\dots$

$P(E) = \dots\dots - P(\bar{E})$

$P(\bar{E}) = \dots\dots\dots\dots\dots\dots$

5. Mehrstufige Zufallsexperimente

Jetzt beschäftigen wir uns mit zusammengesetzten Zufallsexperimenten und den zugehörigen Wahrscheinlichkeiten. Wir werden zum Beispiel zweimal würfeln und die Ergebnisse unter bestimmten Fragestellungen betrachten oder wir werden aus der Urne mehrere Kugeln oder aus dem Kartenspiel mehrere Karten ziehen.

Beispiel Wie groß ist die Wahrscheinlichkeit dafür, einen Pasch zu würfeln?

Ein Pasch bedeutet, dass man mit zwei Würfeln gleichzeitig würfelt und beide Würfel dieselbe Augenzahl zeigen. Du kannst dir auch vorstellen, mit einem Würfel nacheinander zweimal zu würfeln und beide Male soll dieselbe Augenzahl erscheinen.

Um die Wahrscheinlichkeit des Ereignisses „Pasch" über die Definition von Abschnitt C3 berechnen zu können, müssen wir zwei Werte ermitteln:

- Anzahl der gewünschten Ergebnisse bedeutet hier: Wie viele verschiedene Pasche gibt es?
- Anzahl aller möglichen Ergebnisse bedeutet hier: Wie viele verschiedene Ergebnisse gibt es?

Wenn wir den zweiten Wert zuerst suchen, gibt es verschiedene Möglichkeiten:

2. Würfel / 1. Würfel	1	2	3	4	5	6
1	1 1	1 2	1 3	1 4	1 5	1 6
2	2 1	2 2	2 3	....	....	....
3	....	....	....	....	....	....
4	....	....	....	....	....	....
5	....	....	....	....	....	....
6	....	....	....	....	....	....

Aus dieser Darstellung lässt sich leicht ablesen, dass es insgesamt .... Ergebnisse gibt.

Zu diesem Resultat kannst du auch mit folgender Überlegung gelangen:
Jede Augenzahl des ersten Würfels kann mit jeder Augenzahl des zweiten Würfels kombiniert werden!

Das heißt, es gibt 6 · .... = ... verschiedene Ergebnisse.

Die Anzahl der Pasche ist klar:

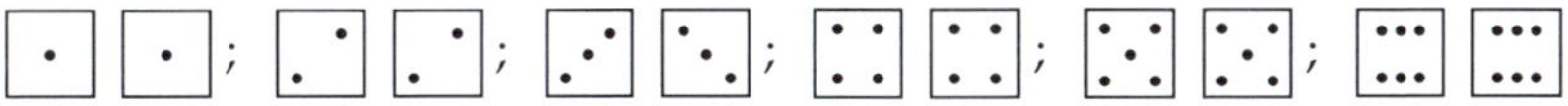

Denn es gibt .... verschiedene Augenzahlen.
Damit gilt:

$$P(\text{Pasch}) = \frac{\ldots\ldots}{36} = \frac{\ldots\ldots}{\ldots\ldots}$$

Beispiel

Wieder sei die Urne mit 5 weißen, 3 schwarzen und 2 blauen Kugeln gegeben.

Ziehen mit Zurücklegen

a) Bestimme den Ergebnisraum Ω für das zweimalige Ziehen mit Zurücklegen.

- Um den Ergebnisraum Ω möglichst übersichtlich darzustellen, kannst du ein sogenanntes **Baumdiagramm** zeichnen: Am Ende jedes „Astes" des Baumdiagramms hängt als „Frucht" im Ergebniskästchen ein so genanntes **Elementarereignis**. Dahinter wird seine Ereigniswahrscheinlichkeit vermerkt.

Alle „Früchte" zusammen (im Baumdiagramm hängt an jedem Astende ein Ergebniskästchen) bilden den Ergebnisraum Ω.

Ergänze also zunächst nur die fehlenden Kombinationen in den Ergebniskästchen (sie stehen für die gesuchten Elementarereignisse):

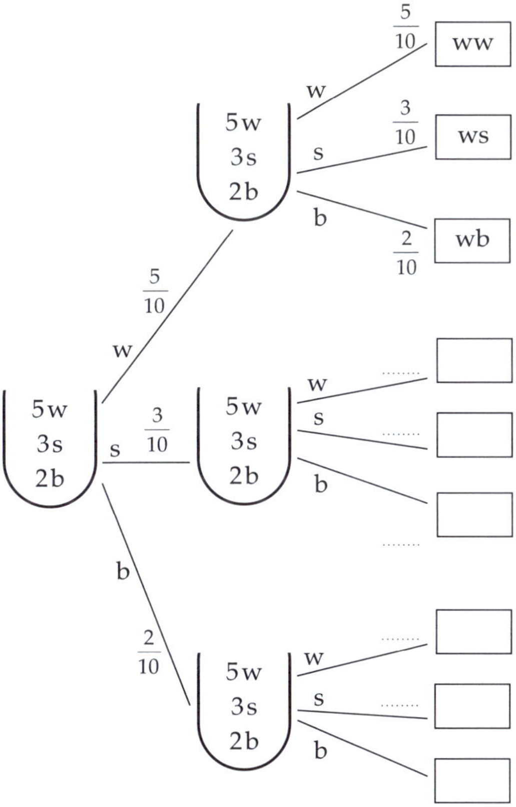

$\Rightarrow P(\text{ww}) = \frac{5}{10} \cdot \frac{5}{10} = \frac{\ldots\ldots}{100}$

$\Rightarrow P(\text{ws}) = \frac{5}{10} \cdot \frac{3}{10} = \frac{\ldots\ldots}{100}$

$\Rightarrow P(\text{wb}) = \frac{5}{10} \cdot \frac{2}{10} = \frac{\ldots\ldots}{100}$

$\Rightarrow P(\ldots\ldots) = \ldots\ldots\ldots\ldots = \ldots\ldots$

$\Rightarrow P(\ldots\ldots) = \ldots\ldots\ldots\ldots = \ldots\ldots$

$\Rightarrow P(\ldots\ldots) = \ldots\ldots\ldots\ldots = \ldots\ldots$

$\Rightarrow$ ....

$\Rightarrow$ ....

$\Rightarrow$ ....

Damit kannst du für den Ergebnisraum Ω alle „Früchte" des Baumdiagramms zusammenfassen:

$$\Omega = \{ww;\ ws;\ wb;\ \ldots\ldots\ldots\}$$

b) Berechne die Wahrscheinlichkeiten der Elementarereignisse.

Um zum Beispiel die Wahrscheinlichkeit $P(sb)$ zu berechnen, muss die Wahrscheinlichkeit $P(s) = \frac{\ldots}{10}$ mit der Wahrscheinlichkeit $P(b) = \frac{\ldots}{10}$ **multipliziert** werden!

Versuche, dir diese Multiplikation durch Ergänzung des folgenden Satzes klar zu machen:
Nur in .... Zehntel **der** Fälle, in denen die erste Kugel schwarz war, ist die zweite Kugel blau! Diese Voraussetzung ist aber nur in .... Zehntel aller Fälle erfüllt!

Ergänze nun im Baumdiagramm die fehlenden Wahrscheinlichkeiten sowohl an den einzelnen Ästen des Baumes als auch bei den Elementarereignissen.

c) Berechne die Wahrscheinlichkeit dafür, dass beide Kugeln gleichfarbig sind.

$$P\text{ (beide Kugeln gleichfarbig)} = P(ww) + P(ss) + P(\ldots) =$$
$$= \frac{25}{100} + \frac{\ldots}{\ldots} + \frac{\ldots}{\ldots} = \frac{\ldots}{100}$$

Regel

1. Pfadregel (Produktregel)

Um die Wahrscheinlichkeit eines **zusammengesetzten Zufallsexperiments** (zum Beispiel $P(ww)$) zu berechnen, muss der entsprechende Pfad im Baumdiagramm vom Anfang bis zum Ende gegangen werden und die jeweiligen Wahrscheinlichkeiten müssen nach jeder Verzweigung **multipliziert** werden (also $P(ww)) = P(w) \cdot P(w)$)!

Regel

2. Pfadregel (Summenregel)

Um die Wahrscheinlichkeit eines **Ereignisses** (zum Beispiel P (gleichfarbige Kugeln)) zu berechnen, müssen die zugehörigen Wahrscheinlichkeiten der Elementarereignisse ($P(ww)$, $P(ss)$ und $P(bb)$) **addiert** werden.

Tipp

Multipliziert wird, wenn Elementarereignisse aufeinander aufbauen, also ein Baumast aus einem anderen herauswächst.

Addiert wird, wenn man mehrere verschiedene Äste zusammenfassen will, die nebeneinander gewachsen sind.

Beispiel

a) Bestimme den Ergebnisraum Ω für das zweimalige Ziehen ohne Zurücklegen aus der Urne mit 5 weißen, 3 schwarzen und 2 blauen Kugeln und bestimme die Wahrscheinlichkeit für alle Elementarereignisse.

Schau dir im Baumdiagramm genau an, wie der Inhalt der Urne bei der zweiten Ziehung jeweils zusammengesetzt ist (*ohne Zurücklegen!*) und wie die Einzelwahrscheinlichkeiten jetzt berechnet werden müssen.

Ziehen ohne Zurücklegen

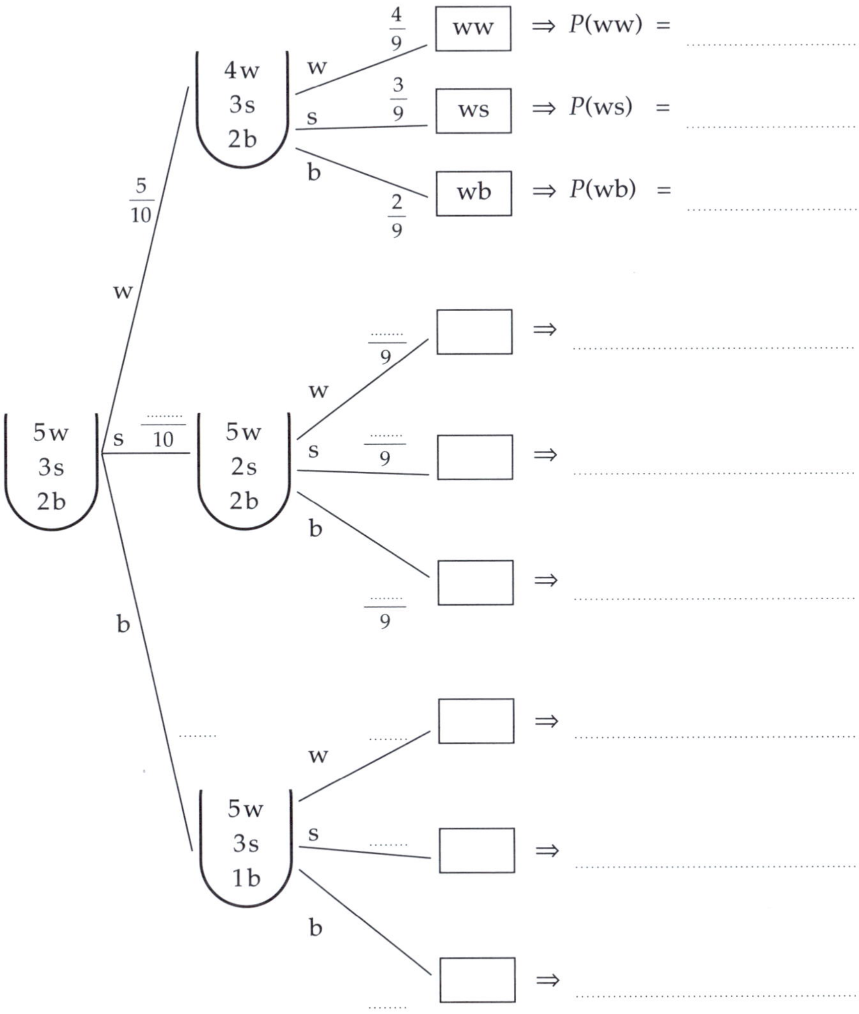

Ω = {..}

Addiere alle Einzelwahrscheinlichkeiten. Die Summe sollte .... ergeben.

Probe

b) Bestimme die Wahrscheinlichkeit dafür, dass mindestens eine Kugel schwarz ist.

Natürlich lassen sich die Elementarereignisse, die unter die Eigenschaft „mindestens eine Kugel ist schwarz" fallen, leicht aus den Ergebniskästchen herausfinden.

1. Weg

$$P(\text{mind. 1 Kugel schwarz}) = P(ws) + P(sw) + P(ss) + P(sb) + P(bs) =$$

$$= \frac{\dots\dots}{90} + \frac{\dots\dots}{90} + \frac{\dots\dots}{90} + \frac{\dots\dots}{90} + \frac{\dots\dots}{90} =$$

$$= \frac{\dots\dots}{90}$$

Aber der mittlere Ast stellt bei der *ersten* Verzweigung bereits die geforderte Eigenschaft für die *nachfolgenden* Verzweigungen sicher und wir müssen nur noch die oberen und unteren Endergebnis-Äste untersuchen:

2. Weg

$$P(\text{mind. 1 Kugel schwarz}) = P(ws) + P(s) + P(bs) =$$

$$= \frac{\dots\dots}{\dots\dots} + \frac{\dots\dots}{\dots\dots} + \frac{\dots\dots}{\dots\dots} =$$

$$= \frac{\dots\dots}{\dots\dots}$$

Bei den letzten Aufgaben ist dir sicher der wichtige Unterschied für das Ziehen aus der Urne **mit** bzw. **ohne** Zurücklegen aufgefallen:

- Beim Ziehen *mit/ohne* Zurücklegen ändert sich der Inhalt der Urne nach jedem Zug!
- Beim Ziehen *mit/ohne* Zurücklegen bleibt der Inhalt der Urne nach jedem Zug gleich!
- Beim Ziehen *mit/ohne* Zurücklegen ändern sich bei jedem Zug die Einzelwahrscheinlichkeiten für die jeweilige Farbe!
- Beim Ziehen *mit/ohne* Zurücklegen bleiben bei jedem Zug die Einzelwahrscheinlichkeiten für die jeweilige Farbe gleich!

Im nächsten Beispiel soll gezeigt werden, dass es manchmal günstiger sein kann, die Wahrscheinlichkeit des Gegenereignisses $P(\bar{E})$ zu bestimmen, um damit die Wahrscheinlichkeit eines Ereignisses $P(E)$ zu berechnen! Dabei stützen wir uns auf die Regel von Seite 75:

$$P(E) + P(\bar{E}) = \ldots \quad \text{bzw.} \quad P(E) = \ldots - P(\bar{E})$$

Beispiel

Die Jugendgruppe (18 Jugendliche) eines Sportvereins fährt zusammen mit 2 Betreuern zu einem Wettkampf ins Ausland. Auf der Heimfahrt wollen 6 Personen Mitbringsel am Zoll vorbei schmuggeln. Die Zöllner machen bei 3 Personen stichprobenartige Durchsuchungen. Wie groß ist die Wahrscheinlichkeit dafür, dass die Zöllner wenigstens eine Person (der insgesamt 20 Personen) ertappt?

1. Lösungsweg *vollständiges Baumdiagramm*

(Vergleiche *Ziehen ohne Zurücklegen*, da ein Schmuggler nicht zweimal erwischt werden kann.)
(S ≙ Schmuggler, N ≙ Nicht-Schmuggler)

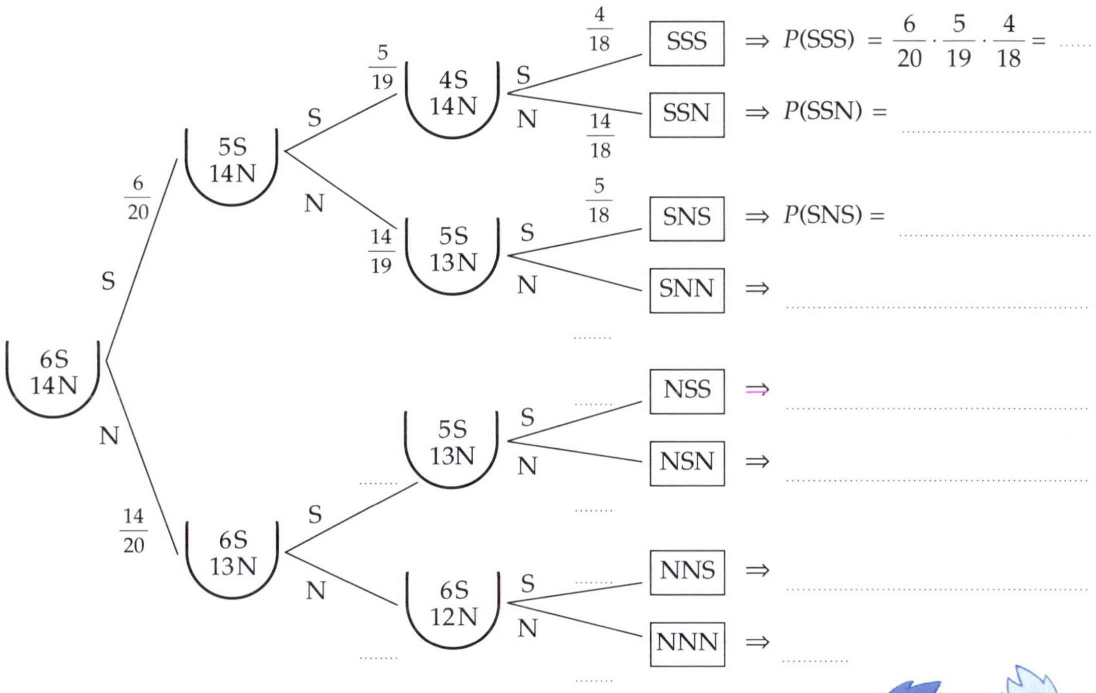

P(mind. 1 Schmuggler ertappt) =

$= P(SSS) + P(SSN) + P(SNS) + P(\ldots) + P(\ldots) + P(\ldots) + P(\ldots) =$

$= \ldots + \ldots + \ldots + \ldots + \ldots + \ldots + \ldots =$

$= \ldots \approx \ldots\%$

2. Lösungsweg Es genügt, die Verzweigungen zu kennen, hinter denen auf jeden Fall mindestens ein Schmuggler entdeckt wird (*unvollständiges Baumdiagramm*).

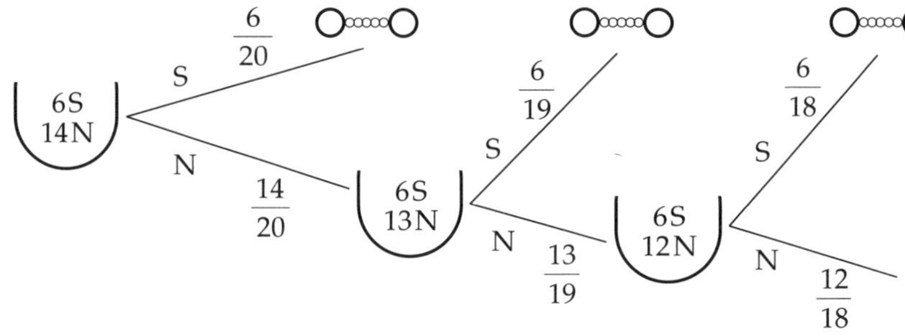

P() $= P(S) + P(NS) + P(NNS) =$

$$= \frac{6}{20} + \frac{14}{20} \cdot \frac{6}{19} + \frac{14}{20} \cdot \frac{13}{19} \cdot \frac{6}{18} = \ldots\ldots$$

3. Lösungsweg Die Wahrscheinlichkeit für das *Gegenereignis* lässt sich leicht berechnen.

P() $= 1 - P(\text{kein Schmuggler ertappt}) =$

$= 1 - P(NNN) =$

$$= 1 - \frac{14}{20} \cdot \frac{\ldots}{\ldots} \cdot \frac{\ldots}{\ldots} = \ldots\ldots$$

C07 Wie groß ist die Wahrscheinlichkeit dafür, dass beim Würfeln die Augensumme der beiden Würfel größer ist als 8?

Lösungshinweis: Addiere jeweils die Augenzahlen der beiden Würfel und fülle alle Felder aus.

		2. Würfel					
	+	1	2	3	4	5	6
1. Würfel	1	2	3	4	5	6	7
	2	3	4	5	....	....	....
	3	....	....	....	....	....	....
	4	....	....	....	....	....	....
	5	....	....	....	....	....	....
	6	....	....	....	....	....	....

Damit gilt:

$$P(\text{Augensumme} > 8) = \frac{\text{Anzahl der betrachteten Ergebnisse}}{\text{Anzahl aller möglichen Ergebnisse}} = \frac{\dots\dots}{36}$$

Co8 Wie groß ist die Wahrscheinlichkeit dafür, dass beim Würfeln mit zwei Würfeln das Produkt der beiden Augenzahlen kleiner ist als 12?

		2. Würfel					
	mal	1	2	3	4	5	6
1. Würfel	1	1	2	3	4	5	6
	2	2	4	6	8	10	12
	3	3	6	....	....	....	....
	4	....	....	....	....	....	....
	5	....	....	....	....	....	....
	6	....	....	....	....	....	....

$P(\text{Produkt} < 12) = \frac{\dots\dots}{36}$

Co9 Aus einer Urne mit 4 weißen, 2 schwarzen und 1 blauen Kugel soll dreimal nacheinander ohne Zurücklegen gezogen werden.

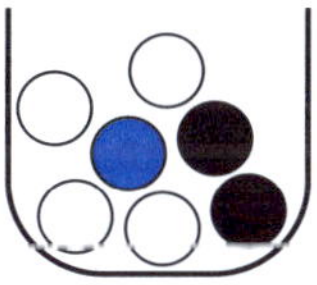

a) Vervollständige das zugehörige Baumdiagramm auf der nächsten Seite und bestimme die Wahrscheinlichkeit für jedes Elementarereignis.

Addiere alle Einzelwahrscheinlichkeiten. Die Summe ergibt .... *Probe*

b) Wie groß ist die Wahrscheinlichkeit dafür, dass alle drei Kugeln verschiedenfarbig sind?

$P(\text{verschiedenfarbige Kugeln}) =$
$= P(wsb) + P(wbs) + P(swb) + P(\dots\dots) + P(\dots\dots) + P(\dots\dots) =$

$= \frac{\dots\dots}{\dots\dots} + \frac{4 \cdot 1 \cdot 2}{7 \cdot 6 \cdot 5} + \frac{2 \cdot 4 \cdot 1}{7 \cdot 6 \cdot 5} + \frac{\dots\dots}{\dots\dots} + \frac{\dots\dots}{\dots\dots} + \frac{\dots\dots}{\dots\dots} =$

$= \frac{\dots\dots}{210} = \frac{\dots\dots}{35}$

Baumdiagramm zur Aufgabe C9

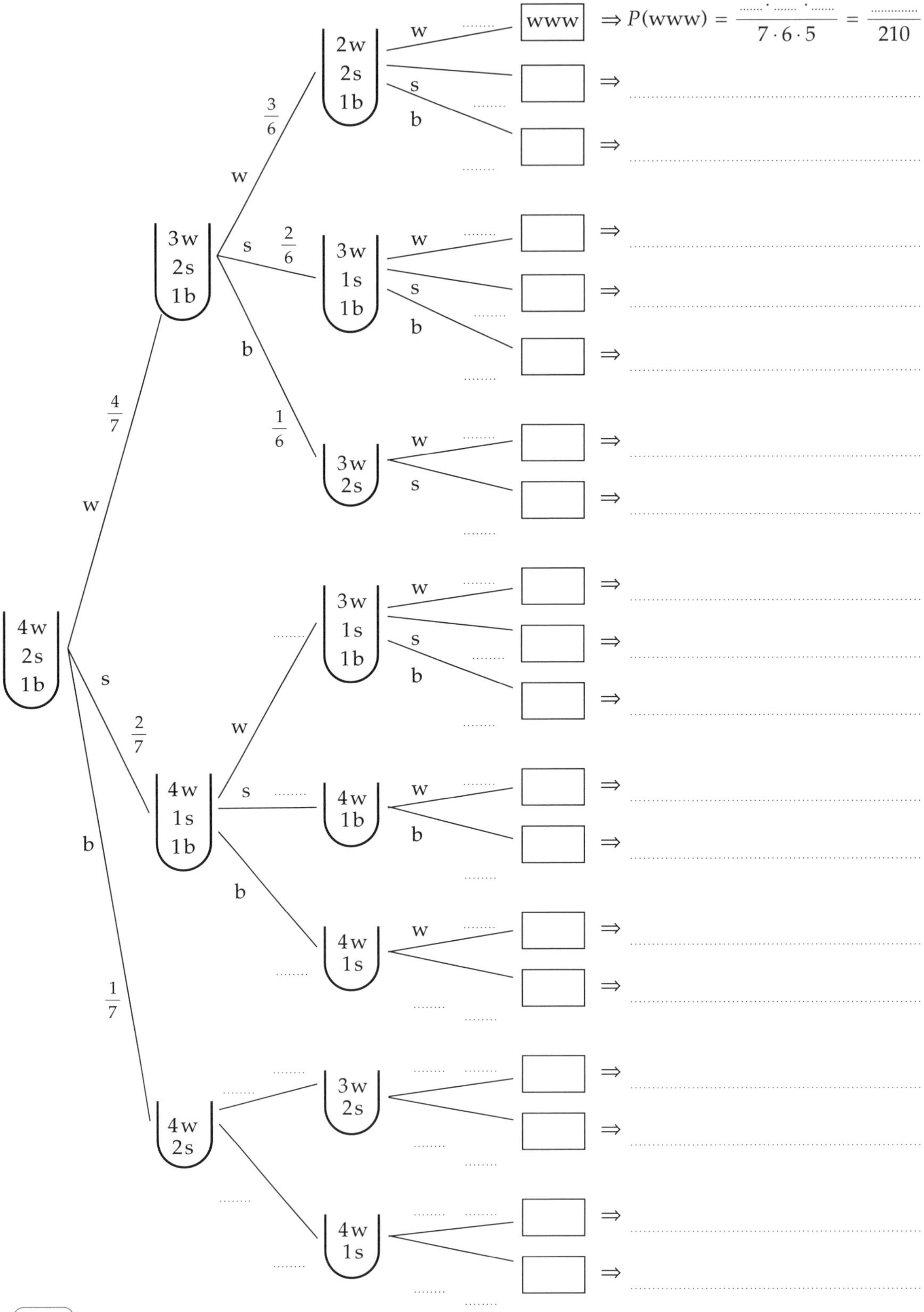

Einfacher und kürzer geht es, wenn du die sechs Brüche genau ansiehst und dir auffällt, dass die Nenner jeweils gleich lauten und bei den Zählern jeweils nur die Reihenfolge der Zahlen vertauscht wurde:

$$P(\text{verschiedenfarbige Kugeln}) = 6 \cdot P(\text{wsb}) =$$
$$= 6 \cdot \frac{4}{7} \cdot \frac{2}{6} \cdot \frac{1}{5} = \frac{\ldots}{210} = \frac{\ldots}{35}$$

C10 Wie groß ist die Wahrscheinlichkeit dafür, dass man aus einem 32er Kartenspiel beim Ziehen von 2 Karten genau 2 Asse zieht?

Hier wäre ein Baumdiagramm viel zu aufwendig; es genügt, die Zusammensetzung des gewünschten Ergebnisses zu betrachten:

ASS	ASS
$P(1.\ \text{Ass}) = \frac{\ldots}{32}$	$P(2.\ \text{Ass}) = \frac{\ldots}{31}$

Es sind ja nur noch 31 Karten vorhanden, wenn bereits 1 Karte gezogen wurde!

$$\Rightarrow P(2\ \text{Asse}) = \frac{\ldots}{32} \cdot \frac{\ldots}{31} = \frac{\ldots}{\ldots} = \frac{\ldots}{\ldots}$$

kürzen

6. Übungsaufgaben

C11 Das Glücksrad von Seite 72, aber mit der neuen Einteilung: weiß (w) = 180°, schwarz (s) = 90°, gestreift (g) = 60° und blau = 30°, soll zweimal gedreht werden.

Wie groß ist die Wahrscheinlichkeit dafür, dass beide Male dieselbe Farbe erscheint?

$$P(\text{ww}) = \frac{180°}{360°} \cdot \frac{180°}{360°} = \frac{\ldots}{\ldots}$$

kürzen

$$P(\text{ss}) = \frac{\ldots}{360°} \cdot \frac{\ldots}{360°} = \frac{\ldots}{\ldots}$$

$$P(\text{gg}) = \frac{\ldots}{\ldots} \cdot \frac{\ldots}{\ldots} = \frac{\ldots}{\ldots}$$

$$P(\text{bb}) = \frac{\ldots}{\ldots} \cdot \frac{\ldots}{\ldots} = \frac{\ldots}{\ldots}$$

Damit gilt: $P(\text{2-mal dieselbe Farbe}) = \ldots + \ldots + \ldots = \ldots$

$= \ldots$

C12 Beim Glücksspielautomaten aus Abschnitt C1 gibt es den Hauptgewinn, wenn im Sichtfenster 3 Sonnen zu sehen sind.
Wie groß ist die Wahrscheinlichkeit für den Hauptgewinn?

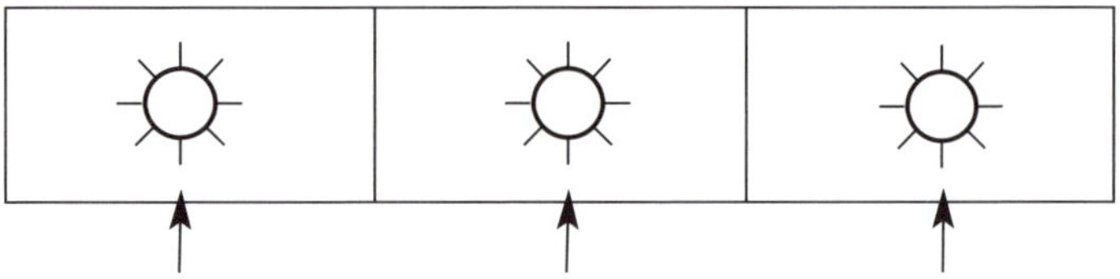

P(3 Sonnen) = ... · .... · .... = ...

bzw. $\left(\frac{}{\text{........}}\right)^3$

C13 Wie groß ist die Wahrscheinlichkeit dafür, dass beim Werfen einer Laplace-Münze 5-mal nacheinander die Zahl erscheint?

Z	Z	Z	Z	Z

P(5-mal Z) = ... · .... · .... · .... · .... = ...

bzw. ....

C14 Bei vielen Tennisturnieren wird nach dem Modus „best of three“ gespielt. Das bedeutet, dass ein Spieler ein Match gewonnen hat, wenn er zwei Sätze für sich entschieden hat.

Trage im Baumdiagramm die fehlenden Ergebnisbezeichnungen ein und erstelle damit den zugehörigen Ergebnisraum Ω für die beiden Spieler A und B.

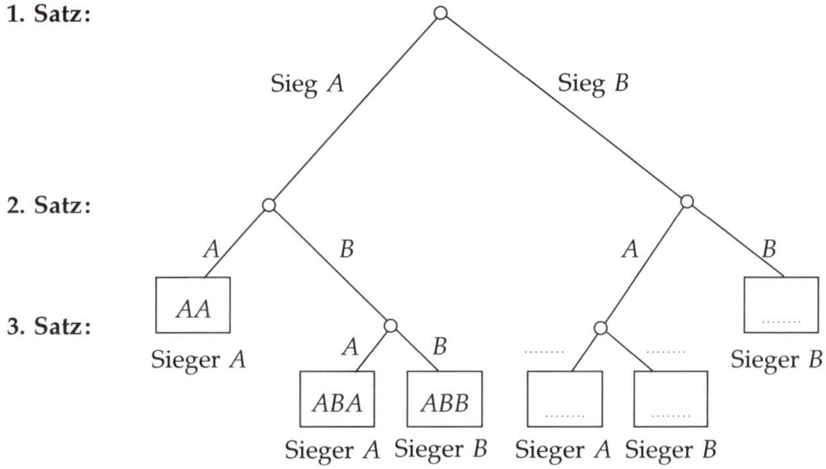

Ω = {AA; ABA; ABB; ....}

C15 Wie groß ist die Wahrscheinlichkeit für das Ereignis E: „Beim Werfen von drei Laplace-Münzen ist bei allen drei Münzen dieselbe Seite zu sehen“?

Da das gleichzeitige Werfen auch durch dreimaliges Werfen nacheinander ersetzt werden kann, hilft das Baumdiagramm:

1. Lösungsweg

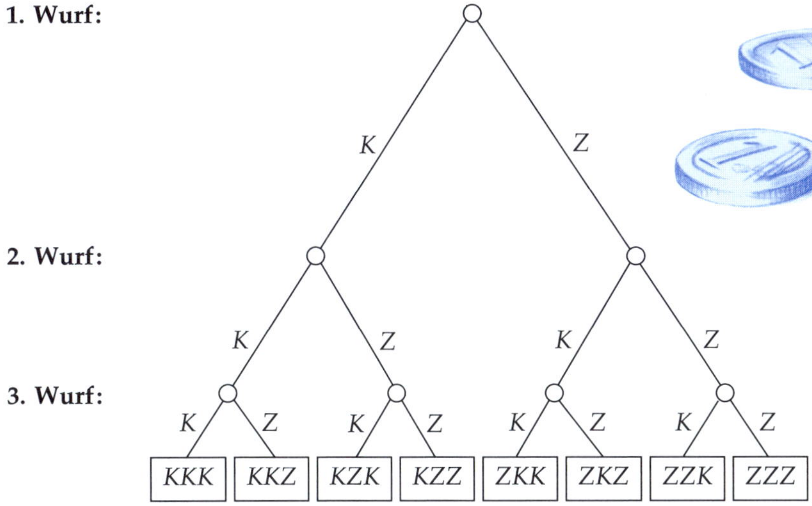

Da alle Einzelwahrscheinlichkeiten gleich sind, können wir uns die Definition von Seite 74 zunutze machen und durch Abzählen die Wahrscheinlichkeit von E berechnen.

$$\left.\begin{array}{l} |\Omega| = 8 \\ |E| = \ldots\ldots \end{array}\right\} P(E) = \frac{\ldots\ldots}{8} = 0{,}\ldots\ldots$$

2. Lösungsweg

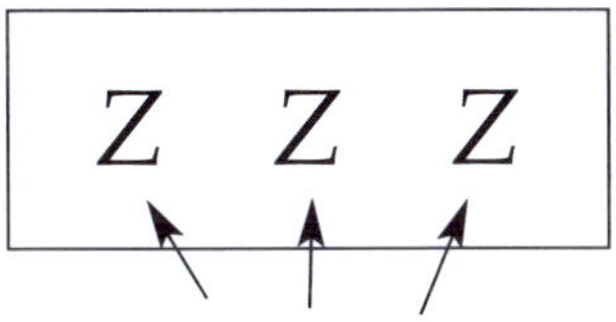

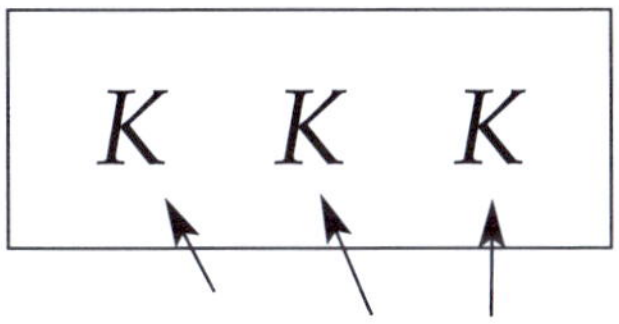

$P(ZZZ) = \frac{1}{2} \cdot \ldots\ldots \cdot \ldots\ldots$ $\qquad$ $P(KKK) = \frac{1}{2} \cdot \ldots\ldots \cdot \ldots\ldots$

$P(E) \quad = P(ZZZ) + P(KKK) = \ldots\ldots + \ldots\ldots = \ldots\ldots$

C16 Ein angehender Azubi bewirbt sich bei 3 Firmen. Seine Einstellungschancen bei Firma A betragen 50 %, bei B 20 % und bei C 30 %. Wie groß ist die Wahrscheinlichkeit, dass er eingestellt wird?

Versuche, nachdem du das Baumdiagramm vollständig beschriftet hast, beide im Folgenden vorgeschlagenen Lösungswege zu gehen.

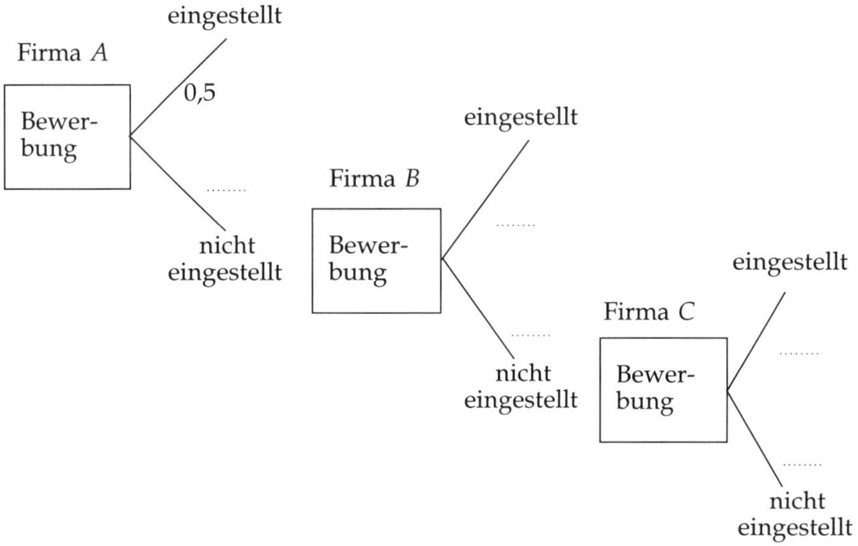

1. Lösungswege P(eingestellt) = 0,5 + …… · …… + …… · …… · …… =

= …… = …… %

2. Lösungsweg P(eingestellt) = 1 − P(nicht eingestellt) =

= 1 − …… · …… · …… =

= …… = …… %

C17 Fünf Seiten eines Würfels von 3 cm Kantenlänge werden rot angestrichen, die sechste Fläche bleibt ohne Anstrich.

a) Wie viel Prozent der Würfeloberfläche sind rot?

Der Würfel wird in Teilwürfel von 1 cm Kantenlänge zerlegt. Diese Teilwürfel werden in ein Gefäß gelegt, aus dem anschließend einer mit geschlossenen Augen entnommen wird.

b) Mit welcher Wahrscheinlichkeit hat der entnommene Würfel keine, genau eine (zwei, drei, vier) rot angestrichene Fläche(n)?

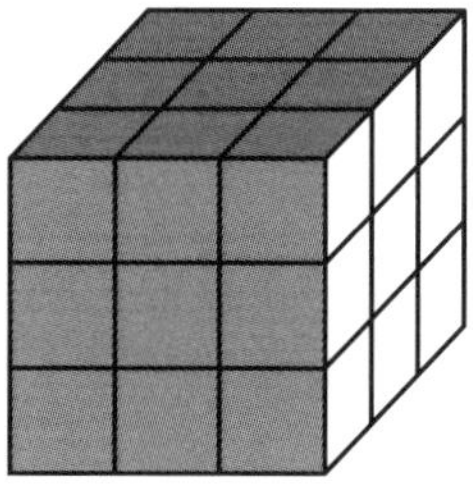

7. Erwartungswert

Damit ich mir meine Gewinnchancen ausrechnen kann, muss bei einer Tombola ein so genannter Gewinnplan aushängen. Dieser Gewinnplan weist neben der Gesamtzahl der Lose auch die Anzahl und Höhe der Gewinne aus.

Beispiel

Für eine Lotterie mit 1000 Losen sieht der Gewinnplan folgende Ausschüttung vor:

- 1 Gewinn mit 1000,– €
- 10 Gewinne mit je 100,– €
- 100 Gewinne mit je 20,– €

Damit gilt für die entsprechenden Gewinnwahrscheinlichkeiten:

$P(1000\,€) = 0{,}001$

$P(100\,€) = 0{,}01$

$P(20\,€) = \ldots\ldots$

$P(0\,€) = \ldots\ldots$

Zur Kontrolle: Die Summe aller Wahrscheinlichkeiten muss 1 ergeben.

Nun will ich wissen, wie hoch der *durchschnittliche Gewinn* bei dieser Tombola ist.
Dazu muss ich alle Gewinne (einschließlich der Nieten!) mit ihren zugehörigen Wahrscheinlichkeiten multiplizieren und die Summe aus diesen Produkten bilden. Damit berechne ich den so genannten **Erwartungswert** für einen Gewinn:

Den **Erwartungswert** für einen Gewinn P(Gewinn) berechnet man mit:

$P(\text{Gewinn}) = 0{,}001 \cdot 1000\,€ + 0{,}01 \cdot \ldots + \ldots \cdot \ldots + \ldots \cdot \ldots =$

$= \ldots\ldots\,€$

Definition

Die Zufallsgröße X habe die Werte $x_1; x_2; \ldots; x_n$ (bzw. x_i). Dann heißt die Zahl $E(X)$ **Erwartungswert**; mit:

$$E(X) = x_1 \cdot P(x_1) + x_2 \cdot P(x_2) + \ldots + x_n \cdot P(x_n) = \sum_{i=1}^{n} x_i \cdot P(x_i)$$

Du kannst diese abstrakte Definition für den Erwartungswert besser verstehen, wenn du dir überlegst, wie hoch bei der Tombola die gesamte Gewinnausschüttung ist, wenn alle Lose verkauft werden.

Gewinnausschüttung:

$1 \cdot 1000{,}–\,€ + \ldots \cdot \ldots\,€ + \ldots + \ldots \cdot 0{,}–\,€ = \ldots\,€$

Wenn du diese Gewinnausschüttung auf alle 1000 Lose gleichmäßig aufteilst, ergibt sich der Erwartungswert.

C18 Berechne den Erwartungswert für ein Würfelspiel mit folgendem Gewinnplan:

Augenzahl	1	2	3	4	5	6
Gewinn in €	3	0	–2	–2	1	1

C19 Albert und Bernhard vereinbaren folgende Spielregeln:

Albert übernimmt die Rolle der Spielbank – er zahlt die Gewinne aus und kassiert den Spieleinsatz. Bernhard übernimmt die Rolle des Spielers.
Bernhard würfelt mit zwei Laplace-Würfeln und erhält 3 €, wenn er einmal die Sechs würfelt. Er erhält 6 €, wenn er zwei Sechser würfelt.
Berechne den Erwartungswert aus Sicht des Spielers.
Wie hoch muss der Einsatz sein, damit die Bank auf längere Sicht nicht draufzahlt?

C20 Es wird mit einem Laplace-Würfel gewürfelt und X bezeichne das Dreifache der jeweils geworfenen Augenzahl. Berechne den Erwartungswert von X.

C21 Christine und Doris vereinbaren folgende Gewinnregel für das Werfen von drei Laplace-Münzen:
Wenn bei allen drei Münzen jeweils dieselbe Seite – Kopf oder Zahl – nach oben zeigt, soll ein Gewinn von 5,– € ausbezahlt werden. In jedem anderen Fall geht der Spieleinsatz von 1,– € an die Bank.
Bestimme den Erwartungswert aus Sicht der Bank.
Für welche Rolle – Bank oder Spielerin – soll sich Doris entscheiden, um auf längere Sicht nicht zu verlieren?

Lösungen

Teil A – Relationen und Funktionen

Seite 7

Test

1. a) Steigung $a = \dfrac{y_2 - y_1}{x_2 - x_1} = \dfrac{8 - (-4)}{4 - (-2)} = \dfrac{12}{6} = 2$

   Punkt A und Steigung in die allgemeine Geradengleichung einsetzen:

   $-4 = 2 \cdot (-2) + b \quad \Rightarrow \quad b = 0 \quad \Rightarrow \quad g\colon\ y = 2x$

   b) Steigung $a = \dfrac{y_D - y_C}{x_D - x_C} = \dfrac{1 - 7}{6 - (-6)} = \dfrac{-6}{12} = -\dfrac{1}{2}$

   Punkt C und Steigung in die allgemeine Geradengleichung einsetzen:

   $7 = -\dfrac{1}{2} \cdot (-6) + b \quad \Rightarrow \quad b = 4 \quad \Rightarrow \quad h\colon\ y = -\dfrac{1}{2}x + 4$

   c) $S_{x_g} = S_{y_g}(0\,|\,0)$ d) $S_{x_h}(8\,|\,0)$ und $S_{y_h}(0\,|\,4)$

2. a)
   b)
   c)
   d)
   e)

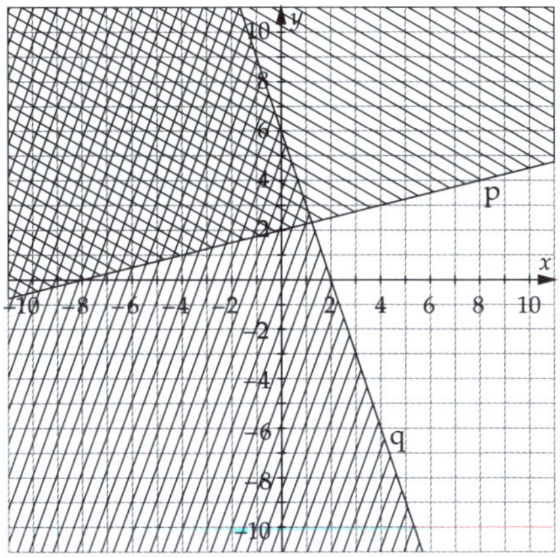

Seite 8

3. a)

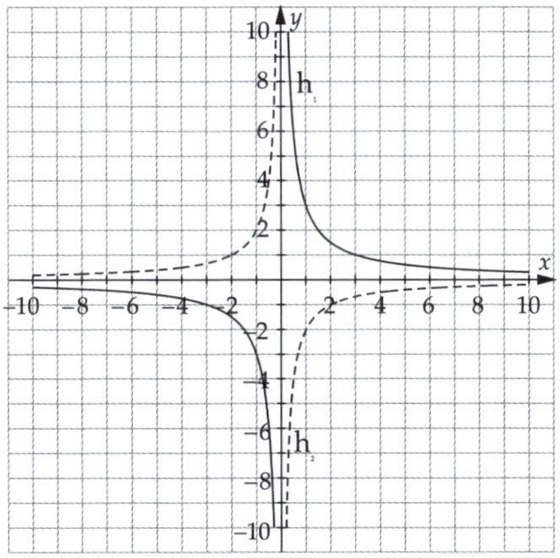

(Seite 8) 3. b) h_1: $y = \frac{3}{x}$

x	−9	−6	−3	−1	$-\frac{1}{2}$	$-\frac{1}{3}$	$\frac{1}{3}$	$\frac{1}{2}$	1	3	6	9
y	−0,33	−0,5	−1	−3	−6	−9	9	6	3	1	0,5	0,33

c) h_2: $y = -\frac{2}{x}$

x	−8	−4	−2	−1	$-\frac{1}{2}$	$-\frac{1}{4}$	$\frac{1}{4}$	$\frac{1}{2}$	1	2	4	8
y	0,25	0,5	1	2	4	8	−8	−4	−2	−1	−0,5	−0,25

Testende

Seite 9

1.

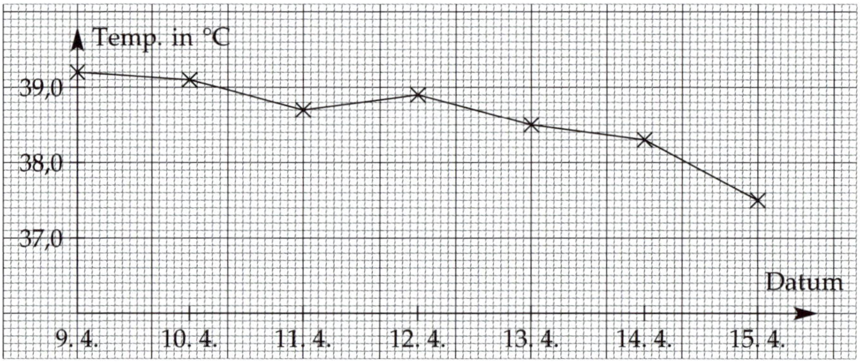

Am 15. 5. hat der Patient eine Temperatur von 39,8 °C.
Am 16. 5. hat der Patient eine Temperatur von 40,5 °C.

Seite 11

2.

Gregor	Tanzen, Judo
Hanna	Fußball, Volleyball, Tanzen

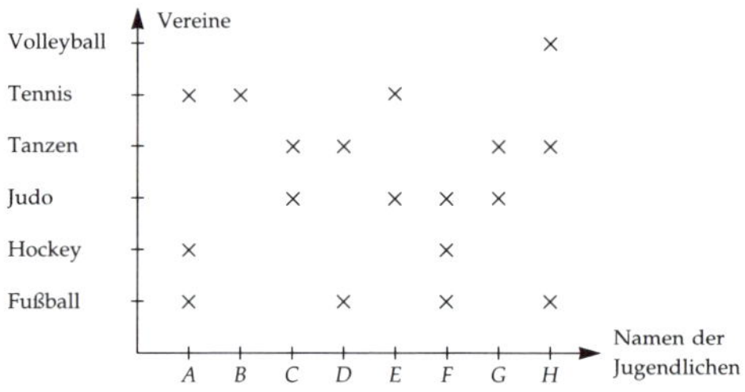

Seite 12

3.

Datum	5. 6.	7. 6.	14. 6.	15. 6.	20. 6.	21. 6.
Kontostand	1500	1500 / 1000	500	500 / 2500	2300	2300 / −1500
Konto-bewegung		Abhebung		Einzahlung		Abhebung

4.

Zeit	1 h	2 h	3 h	4 h
Weg	5 km	10 km	15 km	20 km

Seite 13

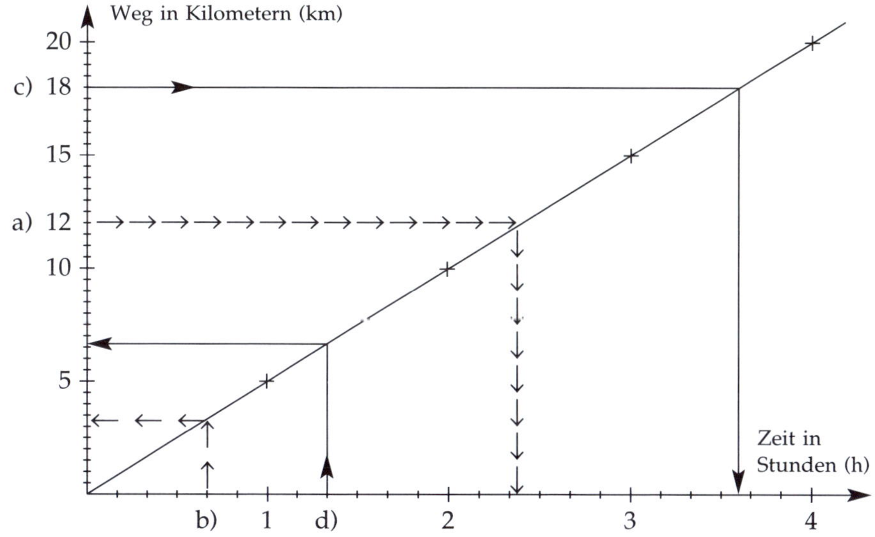

a) Nach 2 Stunden und 24 Minuten sind etwa 12 Kilometer zurückgelegt.
b) Nach 40 Minuten sind etwa 3,3 Kilometer zurückgelegt.
c) Für 18 Kilometer brauchst du etwa 3 Stunden und 36 Minuten.
d) Für 6,6 Kilometer brauchst du etwa 1 Stunde und 20 Minuten.

Seite 14

5.

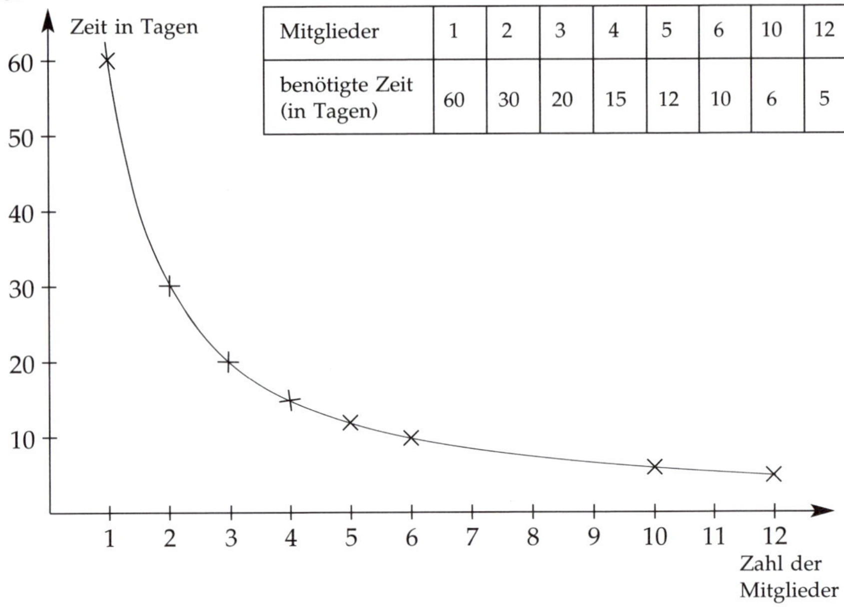

Mitglieder	1	2	3	4	5	6	10	12
benötigte Zeit (in Tagen)	60	30	20	15	12	10	6	5

6.

Zinssatz 4 %	Kapital in Euro	1000	2000	4000	8000	10000
	Jahreszins in Euro	40	80	160	320	400

Seite 15

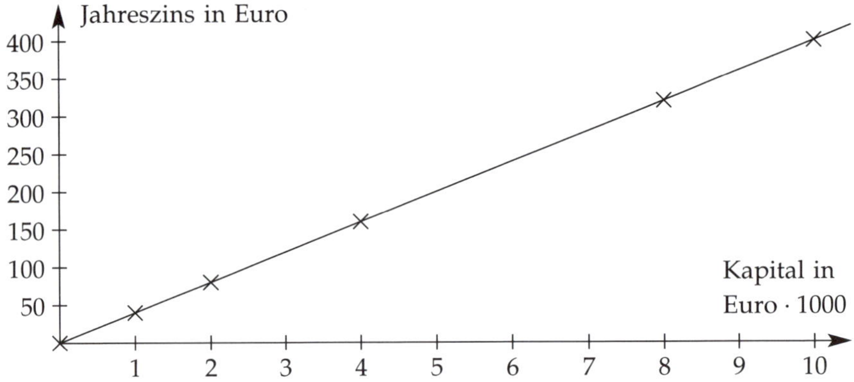

Wenn du die Punkte verbindest, fällt dir sicher auf, dass sie alle auf einer Geraden liegen!

Zinssatz 4 %	Kapital in Euro	2300	4000	4500	4800	8750
	Jahreszins in Euro	92	160	180	192	350

(Der Ablesegenauigkeit sind natürlich auch hier Grenzen gesetzt.)

Seite 16

7.

- Nach 100 km sind noch 34 Liter im Tank.
- Nach 400 km sind noch 16 Liter im Tank.
- Auf 100 km braucht mein Auto also 6 Liter Benzin.
- Nach 580 km sind noch etwa 5 Liter Benzin im Tank.

8.

$y = 3x$	x	3	2	1	0	–1	–2	–3
	y	9	6	3	0	–3	–6	–9

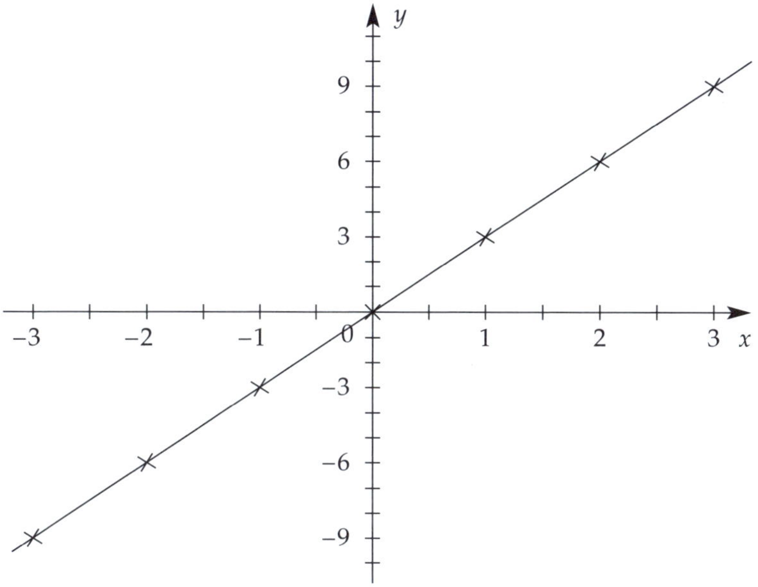

Seite 17

9.

$y \cdot x = 2$	x	$\frac{1}{4}$	$\frac{1}{3}$	$\frac{1}{2}$	1	2	4	6	8	…
	y	8	6	4	2	1	$\frac{1}{2}$	$\frac{1}{3}$	$\frac{1}{4}$	…

$y \cdot x = 2$	x	–1	–2	–4	–6	–8	$-\frac{1}{2}$	$-\frac{1}{3}$	$-\frac{1}{4}$	…
	y	–2	–1	$-\frac{1}{2}$	$-\frac{1}{3}$	$-\frac{1}{4}$	–4	–6	–8	…

(Seite 17)

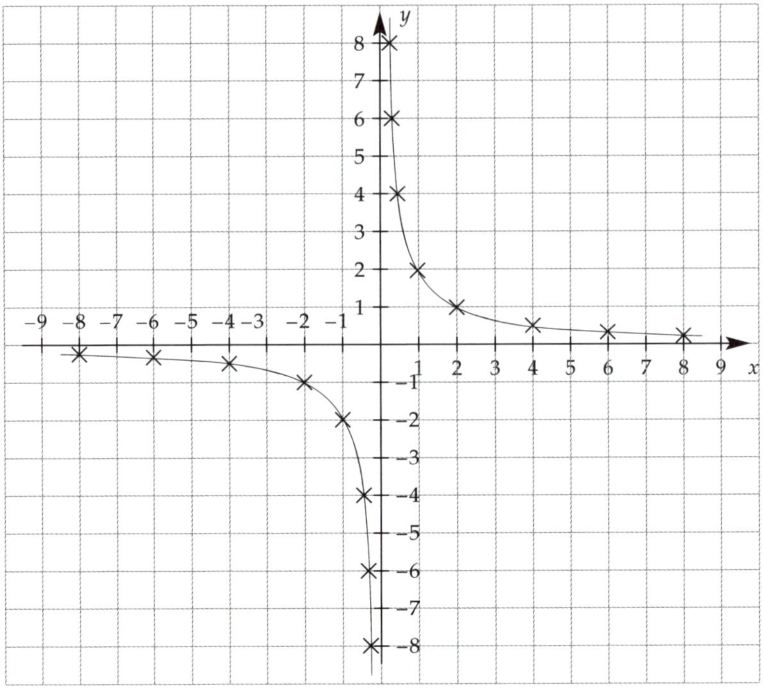

Seite 18

A01

a) Im Beispiel 4 mit der Marschkurve sind die beiden Mengen die Zeiten (M_1) und die Wege (M_2).
Die Relation lautet hier: Nach … Stunden habe ich … Kilometer zurückgelegt.

Seite 19

b) Im Beispiel 5 mit der Renovierung sind die beiden Mengen die Mitarbeiterzahlen (M_1) und die Zeiten (M_2).
Die Relation lautet hier: Für die Renovierung brauchen … Mitarbeiter … Tage Zeit.

c) Im Beispiel 6 mit der Zinsgeraden sind die beiden Mengen die Kapitale (M_1) und die Zinsen (M_2).
Die Relation lautet hier: Ein Kapital von … bringt … Jahreszins.

d) Im Beispiel 7 mit dem Benzinverbrauch sind die beiden Mengen die gefahrenen Kilometer (M_1) und die verbleibenden Liter (M_2).
Die Relation lautet hier: Nach … Kilometern sind noch … Liter im Tank.

e) In den Beispielen 8 und 9 mit den Gleichungen sind die beiden Mengen die Werte für x (M_1) und die Werte für y (M_2).

Seite 20

A02

a) Die Relation von Beispiel 3 ist eine Funktion: Nein
(Dem Datum 7. 6. sind zwei verschiedene Kontostände zugeordnet, also ist die Zuordnung nicht eindeutig.)
b) Die Relation von Beispiel 4 ist eine Funktion: Ja
c) Die Relation von Beispiel 5 ist eine Funktion: Ja
d) Die Relation von Beispiel 6 ist eine Funktion: Ja
e) Die Relation von Beispiel 7 ist eine Funktion: Ja
f) Die Relation von Beispiel 8 ist eine Funktion: Ja
g) Die Relation von Beispiel 9 ist eine Funktion: Ja

Seite 21

A03

a) Der Graph von Beispiel 4 ist eine Gerade.
b) Der Graph von Beispiel 5 ist eine Hyperbel.
c) Der Graph von Beispiel 6 ist eine Gerade.
d) Der Graph von Beispiel 7 ist eine Gerade.

Abschnitt 2.1

Die Geraden von Beispiel 4, 6 und 8 sind Ursprungsgeraden.

Für die Punkte der Geraden aus Beispiel 4 ergibt sich jeweils $5\,\frac{\text{km}}{\text{h}}$.

Für die Punkte der Geraden aus Beispiel 6 ergibt sich jeweils 0,04 oder auch 4 %.

Seite 22

Für die Punkte der Geraden aus Beispiel 8 ergibt sich jeweils 3.

Du hast festgestellt, dass die Werte, die zur gleichen Geraden gehören, jeweils gleich sind.

Seite 23

A04

a) $A\,(2\,|\,2)$; $B\,(-1\,|\,-1)$; Steigung $a = 1$, denn $\frac{2}{2} = \frac{-1}{-1} = 1$

b) $C\,(6\,|\,3)$; $D\,(-4\,|\,-2)$; Steigung $a = \frac{1}{2}$, denn $\frac{3}{6} = \frac{-2}{-4} = \frac{1}{2}$

c) $E\,(-1\,|\,3)$; $F\,(2\,|\,-6)$; Steigung $a = -3$, denn $\frac{3}{-1} = \frac{2}{-6} = -3$

Seite 24

d) $G\,(-3\,|\,1\tfrac{1}{2})$; $H\,(2\,|\,-1)$; Steigung $a = -\frac{1}{2}$, denn $\frac{1\frac{1}{2}}{-3} = \frac{-1}{2} = -\frac{1}{2}$

Seite 25

A05

$a = \frac{y}{x}$

A06

a) $A\,(1\,|\,2)$ b) $B\,(6\,|\,2)$ c) $C\,(2\,|\,-2)$
d) $D\,(-4\,|\,1)$ e) $E\,(-1\,|\,3)$

(Seite 25) **A07**

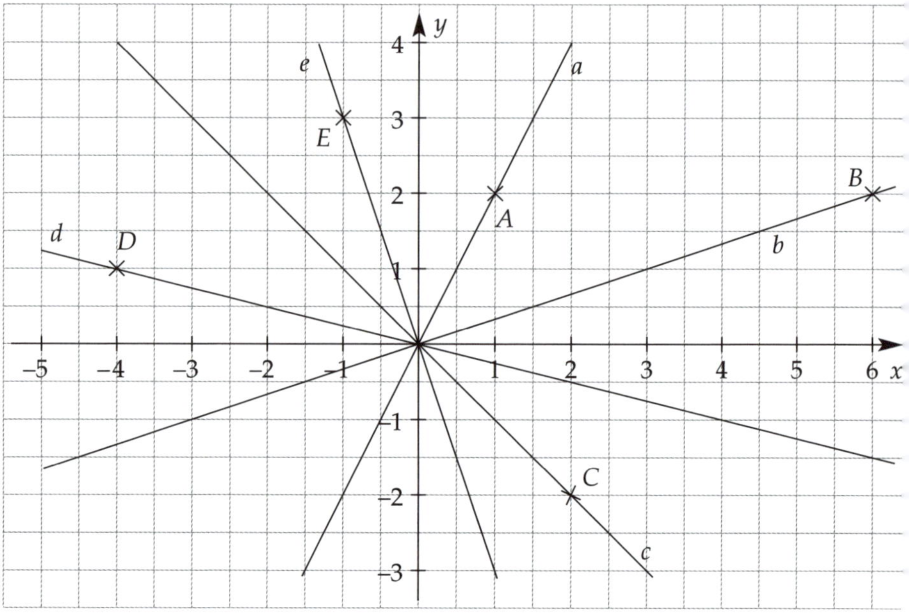

Seite 26

- Die Zusammenhänge zwischen Weg und Zeit im Beispiel 4 kannst du folgendermaßen ausdrücken:
  - In der doppelten Zeit wird der doppelte Weg zurückgelegt.
  - In der dreifachen Zeit wird der dreifache Weg zurückgelegt.
- zwischen Kapital und Jahreszins im Beispiel 6:
  - Das doppelte Kapitel bringt doppelte Zinsen.
  - Das dreifache Kapitel bringt dreifache Zinsen.
- zwischen x und y im Beispiel 8:
  - Verdoppelt sich x, so verdoppelt sich auch y.
  - Verdreifacht sich x, so verdreifacht sich auch y.

Seite 27

A08

a) Gerade h mit $y = \frac{1}{4}x$; für $x = 4$: $H\,(4\,|\,1)$

b) Gerade i mit $y = -\frac{1}{2}x$; für $x = 6$: $J\,(6\,|\,-3)$

c) Gerade k mit $\frac{y}{5} = \frac{1}{10}x$

$y = \frac{1}{2}x$; für $x = 4$: $K\,(4\,|\,2)$

d) Gerade l mit $x = \frac{1}{3}y$

$y = 3x$; für $x = 2$: $L\,(2\,|\,6)$

e) Gerade m mit $\frac{y}{8} = -\frac{x}{2}$ *(Seite 27)*

$y = -4x$; für $x = 1$: $M(1 \mid -4)$

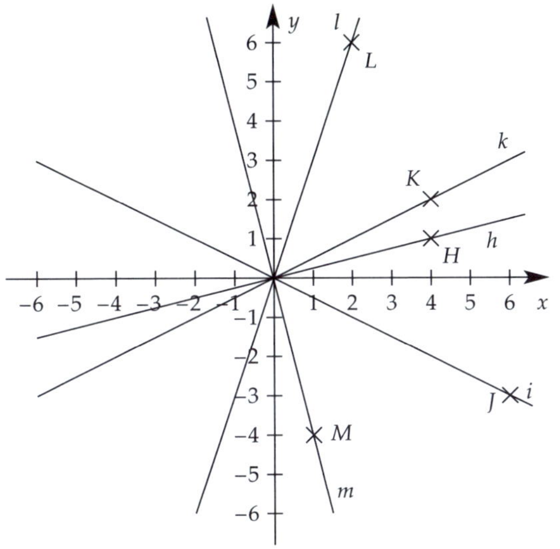

Seite 28

- Für steigende Geraden gilt: $a > 0$.
- Für fallende Geraden gilt: $a < 0$.

Die Geraden g_1 bis g_5 verlaufen parallel zueinander.
Die Geraden g_1 bis g_5 sind steigende Geraden.

Die Geraden h_1 bis h_5 verlaufen parallel zueinander.
Die Geraden h_1 bis h_5 sind fallende Geraden.

Seite 29

Nur die Gerade g_3 ist eine Ursprungsgerade.

Nur die Gerade h_3 ist eine Ursprungsgerade.

Beispiel

x	−2	−1	0	1	2	3
h_3: $y = -\frac{1}{2}x$	1	$\frac{1}{2}$	0	$-\frac{1}{2}$	−1	$-1\frac{1}{2}$
h_4: $y = ?$	−1	$-1\frac{1}{2}$	−2	$-2\frac{1}{2}$	−3	$-3\frac{1}{2}$

Die y-Werte von h_4 sind immer um 2 kleiner als die entsprechenden y-Werte von h_3.

Damit ergibt sich aus der Gleichung von h_3: $y = -\frac{1}{2}x$ die Gleichung von h_4: $y = -\frac{1}{2}x - 2$

Seite 31

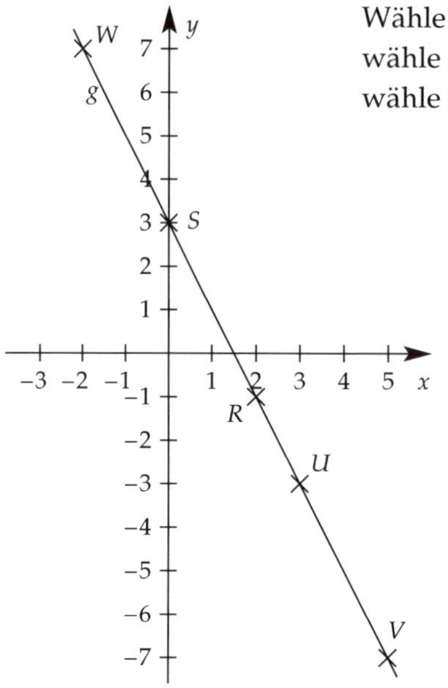

Wähle $x = 3$ und berechne: $y = -3$; $U\,(3\,|\,-3)$
wähle $x = 5$ und berechne: $y = -7$; $V\,(5\,|\,-7)$
wähle $x = -2$ und berechne: $y = 7$; $W\,(-2\,|\,7)$

A09

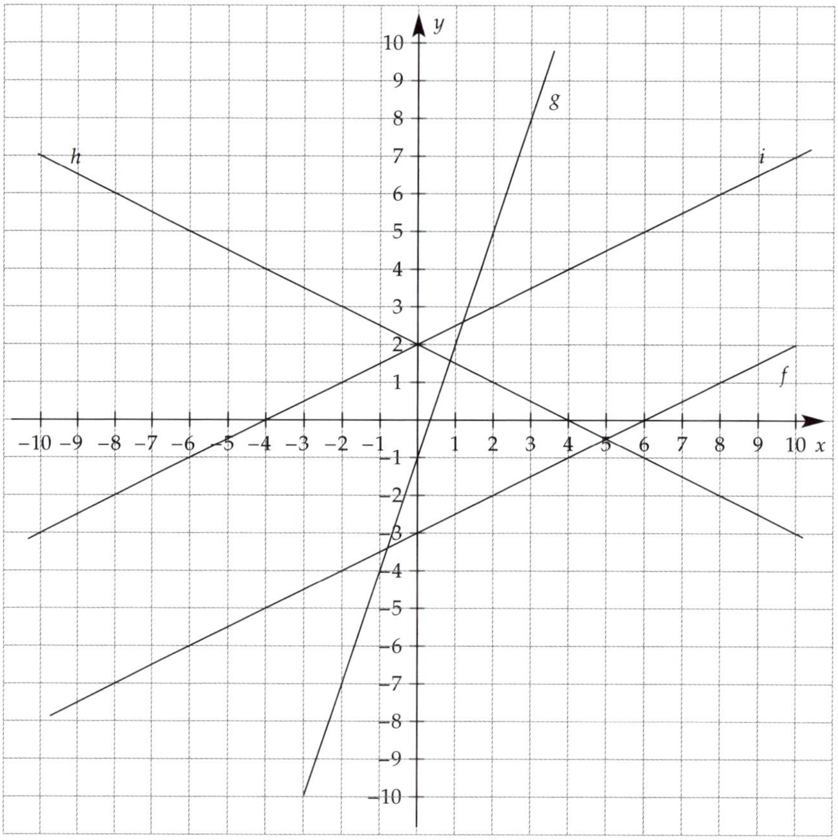

Seite 32

Für die Gerade h gilt: 1 nach rechts und 3 nach unten
oder: 2 nach rechts und 6 nach unten
oder: 3 nach rechts und 9 nach unten usw.
ODER: 1 nach links und 3 nach oben
oder: 2 nach links und 6 nach oben
oder: 3 nach links und 9 nach oben usw.

Seite 33

Für die Steigung a der Geraden h gilt:

$a = \frac{-3}{1} = -3$ ODER: $a = \frac{3}{-1} = -3$

oder: $a = \frac{-6}{2} = -3$ *oder*: $a = \frac{6}{-2} = -3$

oder: $a = \frac{-9}{3} = -3$ *oder*: $a = \frac{9}{-2} = -3$ usw.

Seite 34

a) $a = \frac{y_1 - y_2}{x_1 - x_2} = \frac{-6}{-3} = 2$

b) $Q_1(-2|8)$ und $Q_2(1|-1)$

Von Q_1 nach Q_2:
x-Schritt $= x_2 - x_1 =$
$= 1 - (-2) = 3$
y-Schritt $= y_2 - y_1 =$
$= -1 - 8 = -9$
damit: $a = \frac{y_2 - y_1}{x_2 - x_1} = \frac{-9}{3} = -3$

Von Q_2 nach Q_1:
x-Schritt $= x_1 - x_2 =$
$= -2 - 1 = -3$
y-Schritt $= y_1 - y_2 =$
$= 8 - (-1) = 9$
damit: $a = \frac{y_1 - y_2}{x_1 - x_2} = \frac{9}{-3} = -3$

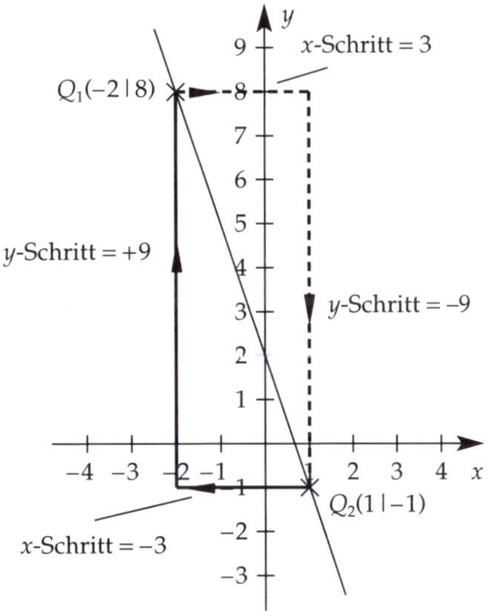

Seite 35

$a = \frac{y_2 - y_1}{x_2 - x_1} = \frac{-12 - 12}{19 - 7} = \frac{-24}{12} = -2$

A10

a) $a = \frac{8 - 7}{13 - 9} = \frac{1}{4}$

b) $a = \frac{19 - 11}{-9 - (-5)} = -2$

c) $a = \frac{-4 - (-9)}{-27 - (-12)} = -\frac{1}{3}$

Seite 36

A11 a) $7 = \frac{1}{4} \cdot 9 + b$; damit gilt: $b = \frac{19}{4}$

b) $11 = -2 \cdot (-5) + b$; damit gilt: $b = 1$

c) $-9 = -\frac{1}{3} \cdot (-12) + b$; damit gilt: $b = -13$

Seite 37

A12 a)

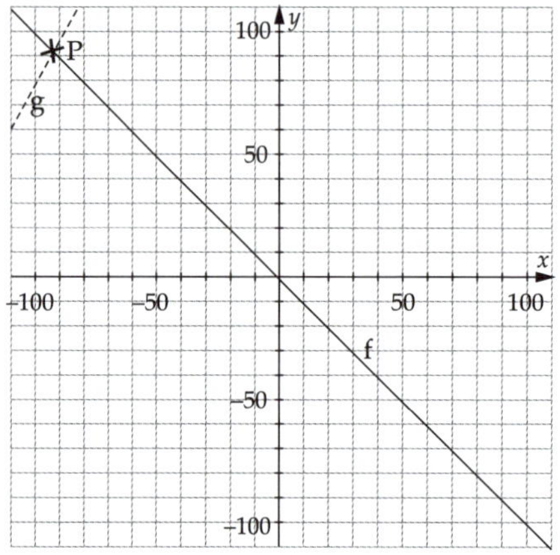

b) $P(-93\,|\,92)$ einsetzen in f:

$92 = -(-93) - 1$

Diese Aussage stimmt. $\Rightarrow$ $P \in$ Graph von $f(x)$

c) ... *weitere lineare Funktion* heißt, dass entweder die neue Steigung oder der Achsenabschnitt frei gewählt werden kann.

Für die willkürlich festgelegte Steigung 2 der neuen Funktion

g: $g(x) = 2x + b$ kann dann der zugehörige y-Achsenabschnitt berechnet werden:

$92 = 2 \cdot (-93) + b \Rightarrow b = 278 \Rightarrow g(x) = 2x + 278$

A13

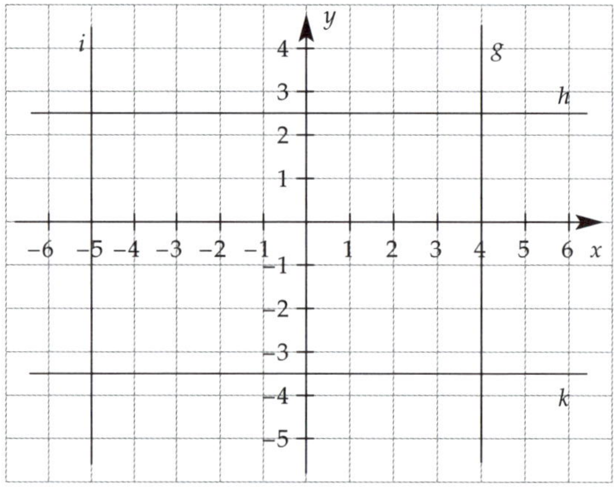

Seite 38

Für $y > ax + b$ gilt die Punktmenge oberhalb der Geraden.

A14

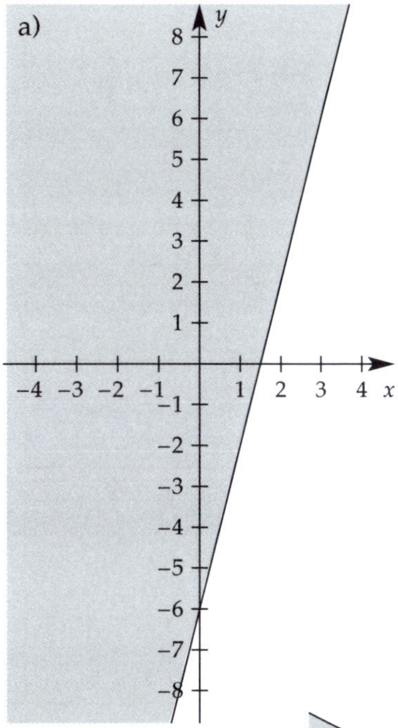

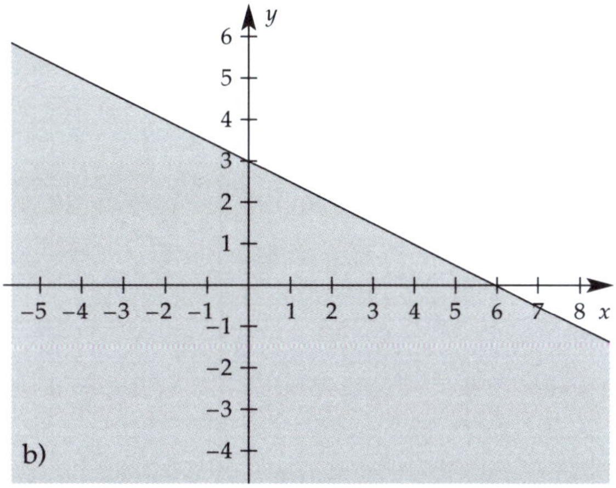

Seite 39

zu Beispiel 5: Viermal so viele Mitarbeiter brauchen ein Viertel der Zeit.

zu Beispiel 9: Wenn ein x-Wert mit 4 multipliziert wird, wird der zugehörige y-Wert durch 4 dividiert.

Für Beispiel 5 ergibt das Produkt von zusammengehörigen Werten jeweils 60.

Für Beispiel 9 ergibt das Produkt von zusammengehörigen Werten jeweils 2.

Seite 40

Wertetabelle und Graph der Funktion $y = \frac{2}{x}$

x	-4	-3	-2	-1	$-\frac{3}{4}$
y	$\frac{2}{-4} = -\frac{1}{2}$	$\frac{2}{-3} = -\frac{2}{3}$	$\frac{2}{-2} = -1$	$\frac{2}{-1} = -2$	$\frac{2}{-\frac{3}{4}} = -\frac{8}{3}$

x	$-\frac{1}{2}$	$-\frac{1}{4}$	0	$\frac{2}{3}$	$\frac{1}{2}$
y	$\frac{2}{-\frac{1}{2}} = -4$	$\frac{2}{-\frac{1}{4}} = -8$	$\frac{2}{0}$ nicht definiert	$\frac{2}{\frac{1}{4}} = 8$	$\frac{2}{\frac{1}{2}} = 4$

x	$\frac{3}{4}$	1	2	3	4
y	$\frac{2}{\frac{3}{4}} = \frac{8}{3}$	$\frac{2}{1} = 2$	$\frac{2}{2} = 1$	$\frac{2}{3}$	$\frac{2}{4} = \frac{1}{2}$

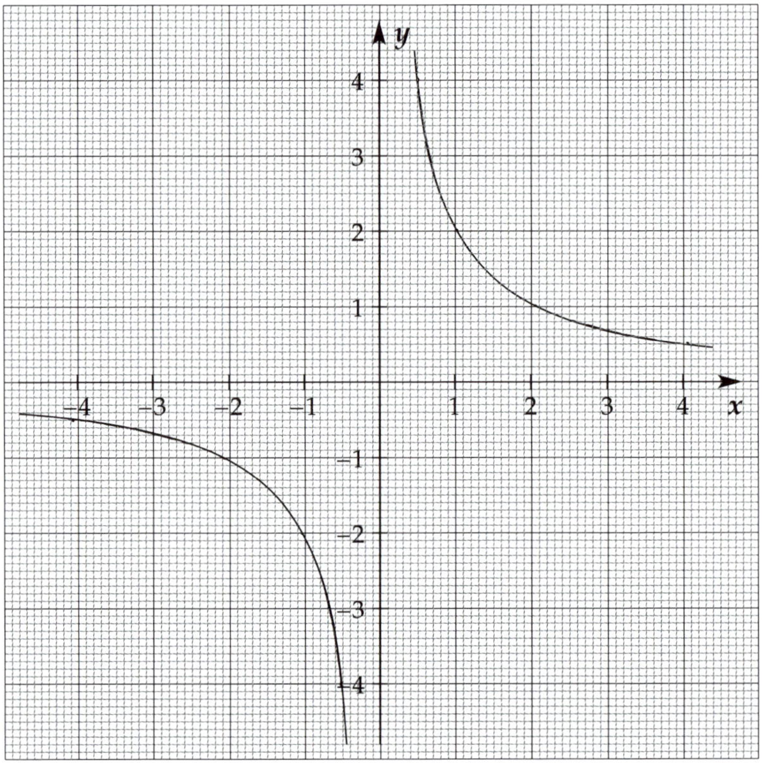

Seite 41

A15

a) $y = \frac{4}{x}$

x	−6	−5	−4	−3	−2	−1	1	2	3	4	5	6
y	$-\frac{4}{6}$	$-\frac{4}{5}$	−1	$-\frac{4}{3}$	−2	−4	4	2	$\frac{4}{3}$	1	$\frac{4}{5}$	$\frac{4}{6}$

b) $y = -\frac{12}{x}$

x	−12	−8	−6	−4	−3	−2	−1	1	2	3	4	6	8	12
y	1	$\frac{3}{2}$	2	3	4	6	12	−12	−6	−4	−3	−2	$-\frac{3}{2}$	−1

A16

a) $y = \frac{4}{x}$

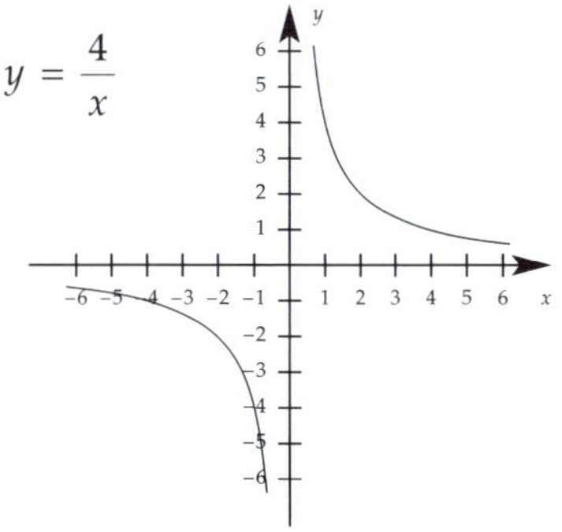

b) $y = -\frac{12}{x}$

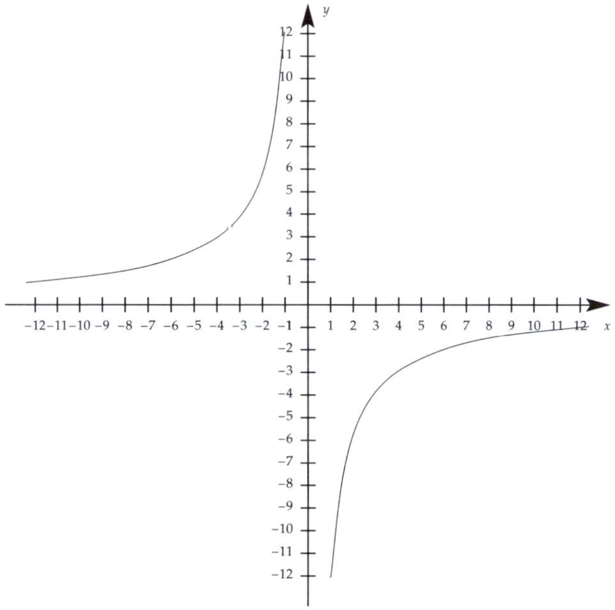

Teil B – Systeme von linearen Gleichungen und Ungleichungen

Seite 42

Test

1. a)

$2x = -0{,}5x + 4 \quad \Rightarrow \quad x_S = 1{,}6$

$y_S = 3{,}2 \quad \Rightarrow \quad S(1{,}6 \mid 3{,}2)$

b), c)

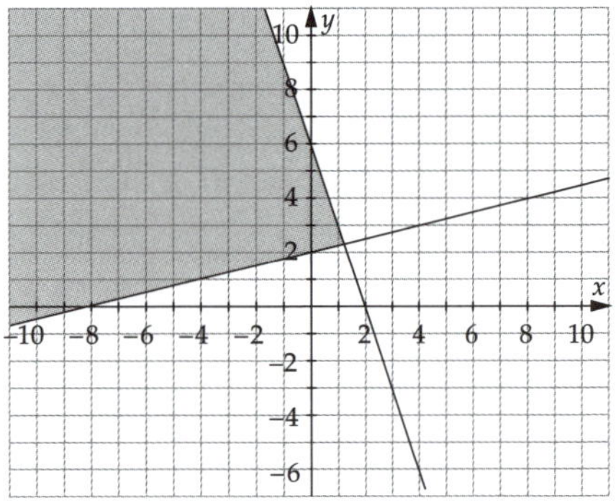

2.

a) Zahl der Einzelzimmer $\widehat{=}\, x$; Zahl der Doppelzimmer $\widehat{=}\, y$

I: $x + y = 40$ II: $x + 2y = 55$

aus I: $x = 40 - y$

einsetzen in II: $40 - y + 2y = 55$

$\Rightarrow \quad y = 15 \quad \Rightarrow \quad x = 25$

$\Rightarrow$ Es gibt 25 Einzel- und 15 Doppelzimmer.

b) Maria ist heute x Jahre alt, Wolfgang ist heute y Jahre alt.

I: $x = 3 \cdot y$ II: $x + 4 = 2 \cdot (y + 4)$

I in II: $3 \cdot y + 4 = 2 \cdot y + 8 \quad \Rightarrow \quad y = 4 \quad \Rightarrow \quad x = 12$

Maria ist heute 12 Jahre alt, ihr Bruder ist heute 4 Jahre alt.

c) Preis für einen Apfel: x €; Preis für einen Pfirsich: y €.

I: $4x + 6y = 3{,}60$ II: $5x + 2y = 2{,}30$

$y = 1{,}15 - 2{,}5x$

II in I: $4x + 6(1{,}15 - 2{,}5x) = 3{,}60 \quad \Rightarrow \quad x = 0{,}30; \quad y = 0{,}40$

$\Rightarrow$ Ein Apfel kostet 0,30 €; ein Pfirsich kostet 0,40 €.

Seite 43

d) $v = \frac{s}{t} \quad \Rightarrow \quad t = \frac{s}{v}$; 1 Stunde und 12 Minuten = 1,2 h

x km sei das flache, y km sei das steile Teilstück lang; Berechnungen ohne Maßeinheiten:

I: $x + y = 34$ II: $\frac{x}{35} + \frac{y}{15} = 1{,}2$

aus I: $x = 34 - y$

I in II: $\frac{34 - y}{35} + \frac{y}{15} = 1{,}2 \quad | \cdot 105$

$3 \cdot (34 - y) + 7 \cdot y = 126$

$y = 6 \quad \Rightarrow \quad x = 28$

Testende

Das flache Teilstück ist 28 km und das steile Teilstück 6 km lang.

Seite 44

1. Die Koordinaten des Schnittpunktes: $S(2 \mid 1)$

   G_1: $1 = 2 - 1$ stimmt G_2: $1 = -2 \cdot 2 + 5$ stimmt

2. Die beiden Geraden g_1 und g_2 verlaufen parallel zueinander. Deshalb besitzt das Gleichungssystem keine Lösung!

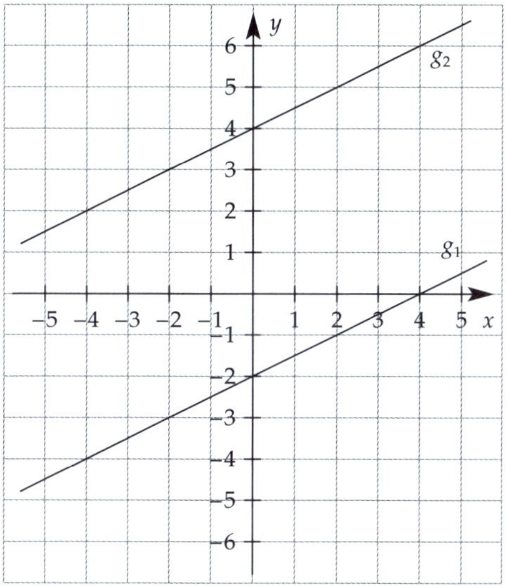

Seite 45

3. G_1: $y = 2x - 1$
   G_2: $y = 2x - 1$

   Schon hier wird klar, dass zu beiden Gleichungen die gleiche Gerade gehört.

   Die Koordinaten von allen Punkten der Geraden erfüllen beide Gleichungen.

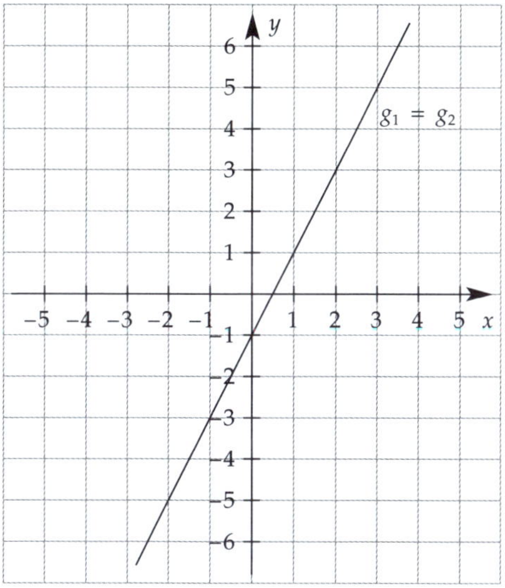

Folgerungen

- Wenn die Steigungen der zugehörigen Geraden nicht übereinstimmen, besitzt das Gleichungssystem genau eine Lösung: $S = g_1 \cap g_2$
- Wenn die Steigungen der zugehörigen Geraden übereinstimmen, aber ihre y-Achsenabschnitte verschieden sind, besitzt das Gleichungssystem keine Lösung: $g_1 \parallel g_2$
- Wenn sowohl die Steigung der zugehörigen Geraden als auch ihre y-Achsenabschnitte übereinstimmen, besitzt das Gleichungssystem unendlich viele Lösungen: $g_1 = g_2$

Seite 46

B01

$$\left.\begin{array}{l} \text{I: } y = \frac{1}{2}x - 2{,}5 \\ \text{II: } y = -x + 2 \end{array}\right\} S(3\,|\,-1)$$

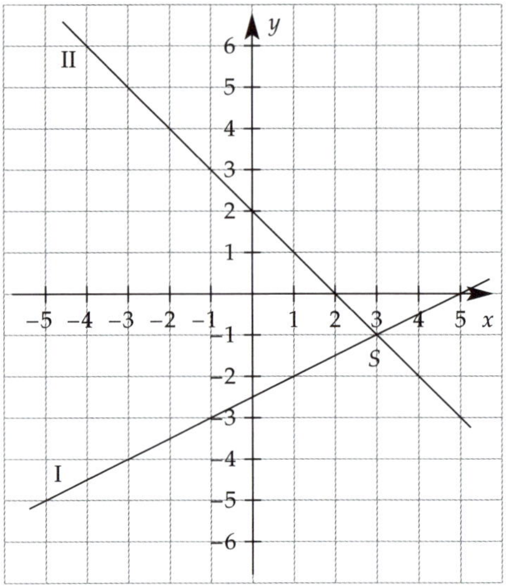

Seite 47

B02

$$\left.\begin{array}{l} \text{I: } y = -\frac{1}{2}x - 4{,}5 \\ \text{II: } y = \frac{2}{3}x + \frac{4}{3} \end{array}\right\} S(-5\,|\,-2)$$

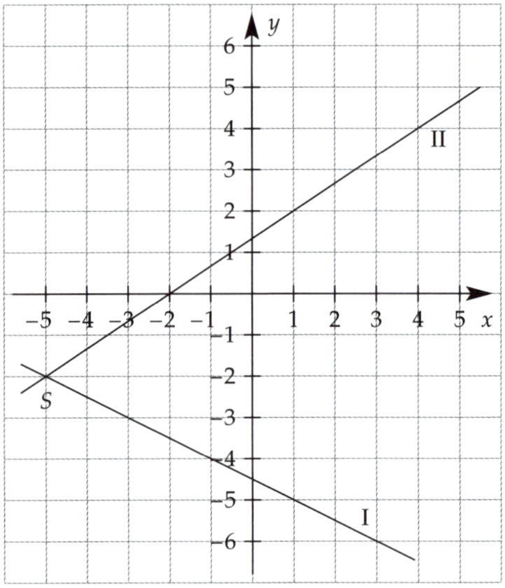

B03

I: $y = -x - 2$

II: $y = -x + 2$

Keine Lösung (bzw. Schnittpunkt), da die Geraden parallel verlaufen.

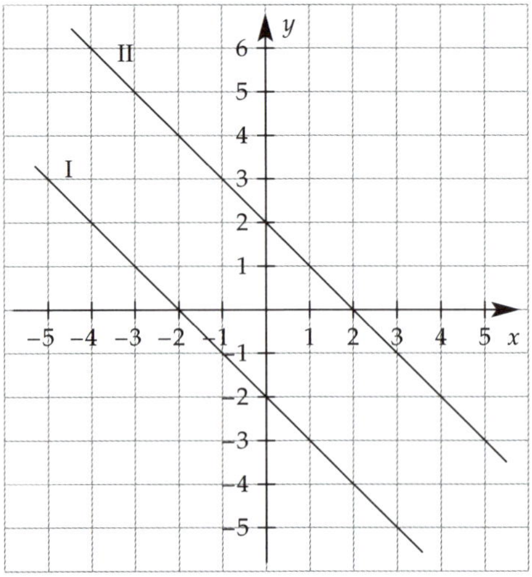

Seite 48

B04

I: $y = \frac{1}{2}x - 2{,}5$

II: $y = \frac{1}{2}x - 2{,}5$

Unendlich viele Lösungen (alle Punkte auf der Geraden), da die beiden Geraden zusammenfallen.

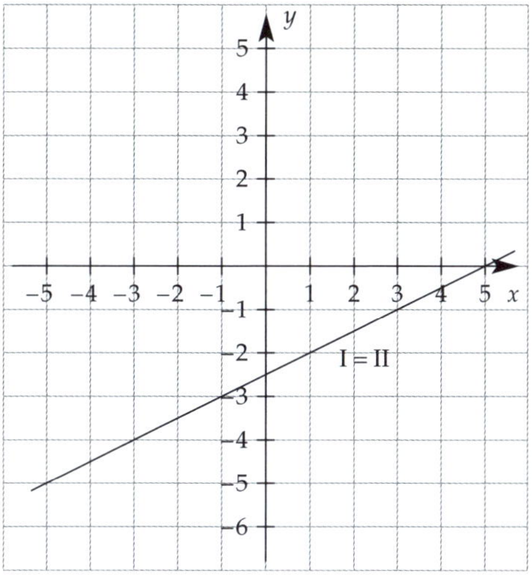

B05

a) Für die graphische Darstellung wurden die Gesamtkosten aller drei Möglichkeiten für bis zu 20 Besuche des Klettergartens betrachtet:

1. Möglichkeit:
$20 \cdot 12{,}50$ € = 250,– €

2. Möglichkeit:
30,– € + $20 \cdot 9{,}50$ € = 220,– €

3. Möglichkeit:
75,– € + $20 \cdot 7$,– € = 215,– €

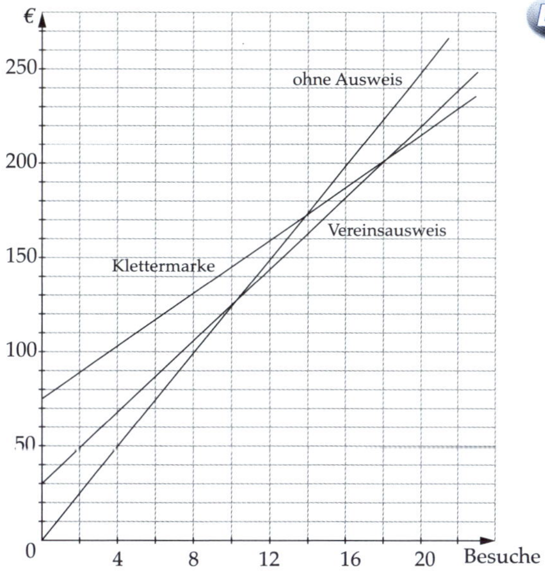

Die Graphen der 1. Möglichkeit und der 2. Möglichkeit zeigen, dass die 1. Möglichkeit bei weniger als 10 Besuchen des Klettergartens am günstigsten ist.
Die Graphen der 2. Möglichkeit und der 3. Möglichkeit zeigen, dass die Klettermarke sich erst bei mehr als 18 Besuchen lohnt.

(Seite 48) Achsenabschnitt bzw. Schnittpunkt mit der y–Achse: $S_y(0 \mid 2)$

Seite 49

Beispiel

a), b)

c) Bedingungen für m, unter denen sich die Graphen von f und von g_m im II. Quadranten schneiden:

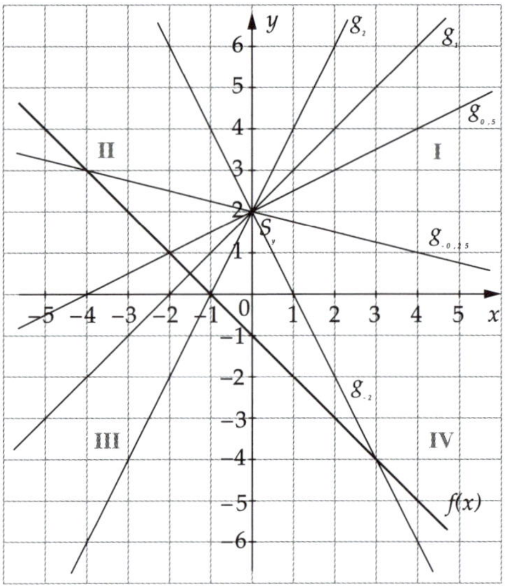

$$-x - 1 = mx + 2$$
$$\Rightarrow \quad -3 = x \cdot (m + 1)$$
$$\Rightarrow \quad x_S = \frac{-3}{m + 1}$$

aus $f(x) = -x - 1$

$$\Rightarrow \quad y_S = -\frac{-3}{m + 1} - 1$$
$$y_S = \frac{+3 - m - 1}{m + 1}$$
$$y_S = \frac{2 - m}{m + 1}$$

S im II. Quadranten $\Rightarrow$ $x_S < 0$ und $y_S > 0$

$\Rightarrow \quad \frac{-3}{m + 1} < 0 \quad$ *und* $\quad \frac{2 - m}{m + 1} > 0$

$\Rightarrow \quad m > -1 \quad$ *und* $\quad 2 - m > 0 \Leftrightarrow m < 2$

$\Rightarrow$ Bedingung für m: $-1 < m < 2$

Abschnitt 2.1

$3x = 6 \quad |:3$

$x = 2$

Seite 50

Für $x = 2$ liefert I: $y = 2 - 1 = 1$

Damit ergibt sich die Lösung: $(2 \mid 1)$

Für $x = 2$ liefert II: $y = -2 \cdot 2 + 5 = 1$

B06 a) Lösung: $(8 \mid 33)$ b) Lösung: $(3 \mid -53)$

Seite 51

I: $y = 3 \cdot 1 - 4 = -1$ Lösung: $(1 \mid -1)$

Probe mit II: $5 \cdot (-1) + 7 \cdot 1 = 2$

B07 a) I in II mit Lösung: $(2 \mid 11)$ b) II in I mit Lösung: $(-6 \mid 3)$

Seite 52

Lösung: $\left(\frac{4}{3} \,\middle|\, \frac{5}{3}\right)$

Seite 53

B08

a) Lösung: (3 | 2) b) Lösung: (4 | 3)

c) Tipp: I · 3 und II · 2 $\Rightarrow$ Lösung: (2 | –1)

B09

a) unendlich viele Lösungen, da gilt: I = II b) (3 | 4)

c) (5 | 2) d) (2 | –4) e) $\left(-\frac{30}{11} \middle| \frac{2}{11}\right)$

f) Einsetzungsverfahren:

$$\begin{aligned} \text{I:}\quad & x = 3 + 1{,}5y \\ \text{I in II:}\quad & 9(3 + 1{,}5y) - 18 = +13{,}5y \\ \Leftrightarrow\quad & 27 + 13{,}5y - 18 = +13{,}5y \\ \Leftrightarrow\quad & 9 = 0 \end{aligned}$$

Dieser Widerspruch bedeutet:
keine Lösung

Gleichsetzungsverfahren:

$$\text{I: } y = \frac{2}{3}x - 2$$

$$\text{II: } y = \frac{2}{3}x - \frac{4}{3}$$

Hier erübrigt sich das Gleichsetzen, da du erkennst, dass beide Geraden dieselbe Steigung, aber unterschiedliche Achsenabschnitte haben.
Deshalb: **keine Lösung**

g) (3 | 2)

Seite 54

Beispiel

Meine eigene Geschwindigkeit beträgt $62{,}5\,\frac{\text{m}}{\text{min}}$. Die Flussgeschwindigkeit beträgt $37{,}5\,\frac{\text{m}}{\text{min}}$.

B10

a) Die Flugzeuggeschwindigkeit sei x. Die Windgeschwindigkeit sei y.

$$\text{I: } x + y = \frac{600}{\frac{2}{3}}; \qquad \text{II: } x - y = \frac{600}{\frac{3}{4}}$$

Die Flugzeuggeschwindigkeit beträgt $850\,\frac{\text{km}}{\text{h}}$. Die Windgeschwindigkeit beträgt $50\,\frac{\text{km}}{\text{h}}$.

b) Das Gewicht einer silbernen Münze sei x. Das Gewicht einer kupfernen Münze sei y.

$$\begin{aligned} \text{I:}\quad 3x + 2y &= 79 \\ \text{II:}\quad 9x + 4y &= 179 \end{aligned}$$

Eine silberne Münze wiegt 7 Gramm, eine kupferne Münze wiegt 29 Gramm.

Seite 55

c) Der größere der spitzen Winkel sei x, der kleinere sei y.

$$\begin{aligned} \text{I:}\quad x + y &= 90 \\ \text{II:}\quad x - y &= 6 \end{aligned}$$

Der eine Winkel beträgt 48°, der andere Winkel beträgt 42°.

Seite 55/56

Beispiel Kosten bei 24 Monaten Laufzeit:

Vertragshandy (VH)

$$24 \cdot 9{,}95\,€ + x \cdot 24 \cdot 0{,}175\,€ + 24{,}95\,€ = 263{,}75\,€ + 4{,}20\,€ \cdot x$$

Kartenhandy (KH)

$$129{,}95\,€ - 15\,€ + x \cdot 24 \cdot 0{,}412\,€ = 114{,}95\,€ + 9{,}888\,€ \cdot x$$

Kosten VH $= 4{,}2x + 263{,}75$ Kosten KH $= 9{,}888x + 114{,}95$

a) Geometrische bzw. zeichnerische Lösung:

- Für $0 \leqq x < 26$ ist das Kartenhandy billiger.
- Für $x > 26$ ist das Vertragshandy billiger.

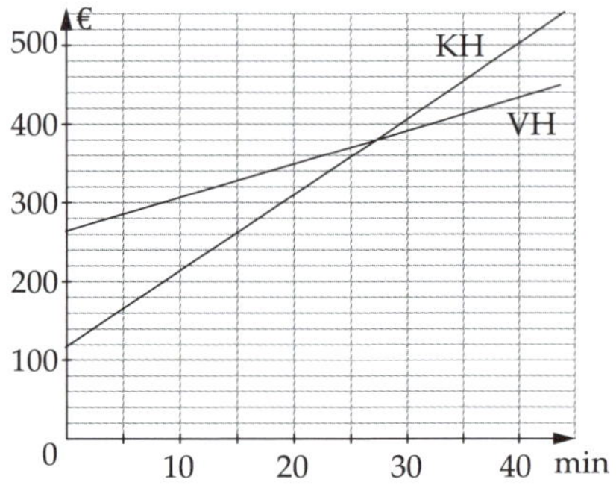

b) Algebraisch ergibt die Gleichsetzung der beiden Geradengleichungen:

$4{,}2x + 263{,}75 = 9{,}888x + 114{,}95$

$$\Rightarrow \quad x = \frac{263{,}75 - 114{,}95}{9{,}8882 - 4{,}2} = 26{,}16$$

Da die Kostengerade für das Kartenhandy steiler ist, sind die Kosten für das Vertragshandy niedriger, wenn monatlich länger als 26 Minuten telefoniert wird.

Seite 56/57

a)

		Lohn in €							
		200	400	600	800	1000	1200	1400	1600
Lohnerhöhung in €	A	24	24	24	24	24	24	24	24
	B	14	18	22	26	30	34	38	42
	C	6	12	18	24	30	36	42	48

Seite 57

b)

		Lohn in €							
		200	400	600	800	1000	1200	1400	1600
Lohn-erhöhung in %	A	12	6	4	3	2,4	2	1,714	1,5
	B	7	4,5	3,667	3,25	3	2,833	2,714	2,625
	C	3	3	3	3	3	3	3	3

Beispiel

I: $y > x - 1$

II: $y < -\frac{1}{3}x + 3$

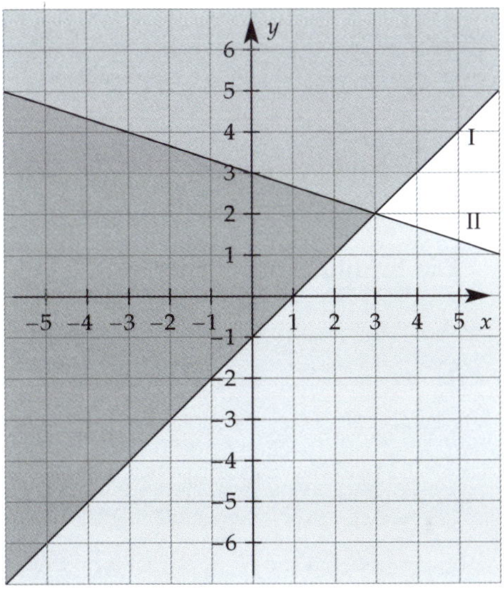

Seite 58

B11

a) I: $y < \frac{1}{2}x - 2{,}5$

(Vorsicht beim Auflösen! Siehe die Regel nach Aufgabe D07 in Band mL 623!)

II: $y < -x + 2$

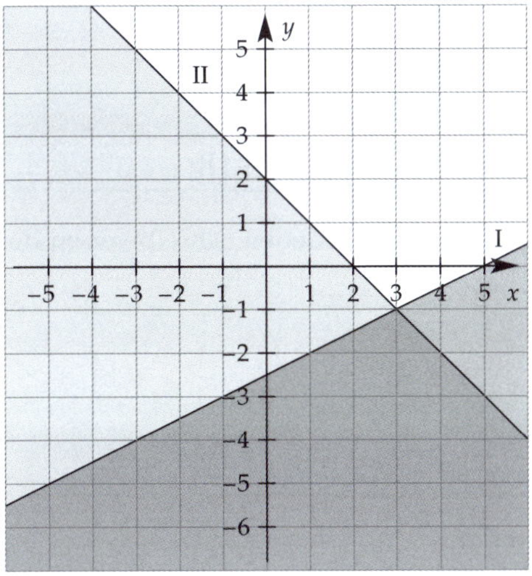

(Seite 58)

b) I: $y < \frac{1}{3}x + 2{,}5$

II: $y > \frac{1}{3}x + 1{,}5$

Die Erfüllungsmenge liegt zwischen den parallelen Geraden.

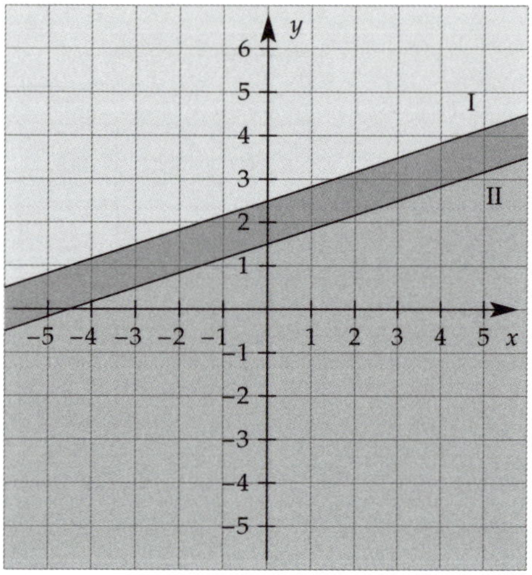

c) I: $y > -2x + 4$

II: $y < -2x$

Die Erfüllungsmenge ist leer.

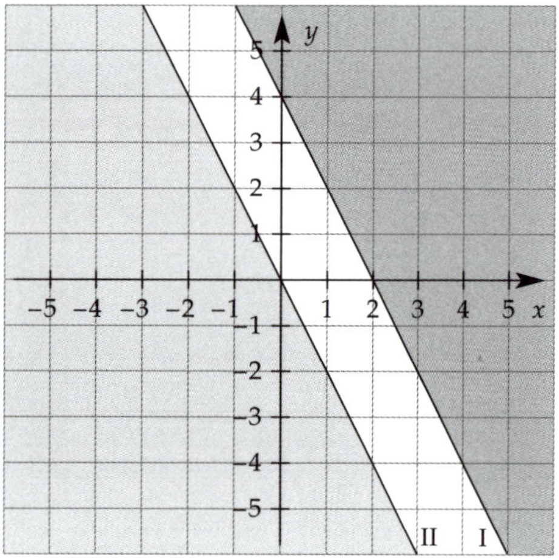

Seite 59

Teil C – Stochastik

Test

1. Die verschiedenen Schreibweisen des Ergebnisses zählen alle als richtig.

a) $P(\text{schwarz}) = \frac{12}{20} = \frac{3}{5} = 0{,}6 = 60\ \%$

b) $P(\text{weiß}) = \frac{5}{20} = \frac{1}{4} = 0{,}25 = 25\ \%$

c) $P(\text{blau}) = \frac{3}{20} = 0{,}15 = 15\ \%$

d) $P(\text{schwarz}) + P(\text{weiß}) + P(\text{blau}) = 0{,}6 + 0{,}25 + 0{,}15 = 1 = 100\ \%$

Die Summe aller Wahrscheinlichkeiten ergibt 100 %.

(Seite 59)

2. a) $\Omega = \{ss; sw; sb; ws; ww; wb; bs; bw; bb\}$

b)

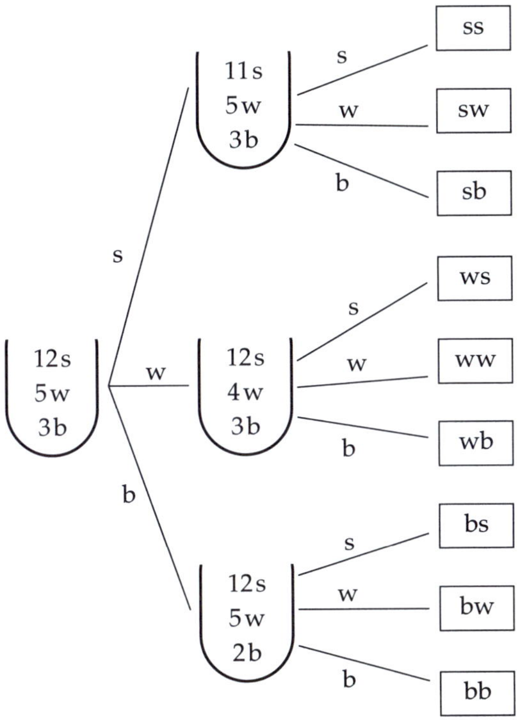

c) $P(ss) = \frac{12}{20} \cdot \frac{11}{19}$; $P(sw) = \frac{12}{20} \cdot \frac{5}{19}$; $P(sb) = \frac{12}{20} \cdot \frac{3}{19}$;

$P(ws) = \frac{5}{20} \cdot \frac{12}{19}$; $P(ww) = \frac{5}{20} \cdot \frac{4}{19}$; $P(wb) = \frac{5}{20} \cdot \frac{3}{19}$;

$P(bs) = \frac{3}{20} \cdot \frac{12}{19}$; $P(bw) = \frac{3}{20} \cdot \frac{5}{19}$; $\mathrm{P}(bb) = \frac{3}{20} \cdot \frac{2}{19}$

Seite 60

3. Aus der Sicht von B gilt: $E(\text{Gewinn}) = \frac{1}{6} \cdot 3{,}\text{–}\ € = 0{,}5\ €$

bzw.: $E(\text{Gewinn}) = \frac{1}{6} \cdot 3{,}\text{–}\ € + \frac{5}{6} \cdot 0{,}\text{–}\ € = 0{,}5\ €$

Der Einsatz muss 0,5 € betragen, damit A nicht draufzahlt.

Testende

(Seite 60) Die Wahrscheinlichkeit dafür, dass Mannschaft A die Seitenwahl gewinnt, beträgt 50 %.

Die Wahrscheinlichkeit dafür, dass Mannschaft A im sechsten Spiel die Seitenwahl gewinnt, beträgt 50 %.

Seite 62

Würfe	Augenzahlen					
	1	2	3	4	5	6
⋮	⋮	⋮	⋮	⋮	⋮	⋮
Summe	17	10	11	22	24	16

Seite 63

Die Zahl 3 wurde mit der absoluten Häufigkeit 11 gewürfelt.
Die Zahl 4 wurde mit der absoluten Häufigkeit 22 gewürfelt.
Die Zahl 5 wurde mit der absoluten Häufigkeit 24 gewürfelt.
Die Zahl 6 wurde mit der absoluten Häufigkeit 16 gewürfelt.

Die Zahl 3 wurde mit der relativen Häufigkeit von $\frac{11}{100} = 0{,}11$ gewürfelt.

Die Zahl 4 wurde mit der relativen Häufigkeit von $\frac{22}{100} = 0{,}22$ gewürfelt.

Die Zahl 5 wurde mit der relativen Häufigkeit von $\frac{24}{100} = 0{,}24$ gewürfelt.

Die Zahl 6 wurde mit der relativen Häufigkeit von $\frac{16}{100} = 0{,}16$ gewürfelt.

Seite 64

- Wenn eine Zahl überhaupt nicht (also 0-mal) gewürfelt wird, ergibt sich hierfür die relative Häufigkeit $\frac{0}{n} = 0$.
- Wenn beim Würfeln immer ein und dieselbe Zahl erscheinen würde, ergäbe sich bei n Würfen die relative Häufigkeit $\frac{n}{n} = 1$.
- Dabei gilt für alle relativen Häufigkeiten, dass sich immer Zahlen ergeben, die zwischen 0 und 1 liegen.

(Seite 64)

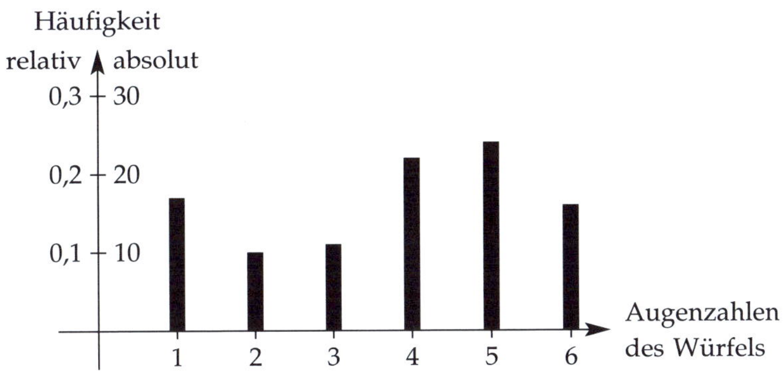

Ich hätte erwartet, dass alle Stäbe gleich hoch sind!

17 Würfe ≙ 3,6° · 17 = 61,2°
10 Würfe ≙ 3,6° · 10 = 36°
11 Würfe ≙ 3,6° · 11 = 39,6°
22 Würfe ≙ 3,6° · 22 = 79,2°
24 Würfe ≙ 3,6° · 24 = 86,4°

Für die restlichen 16 Würfe bleiben 57,6° übrig.

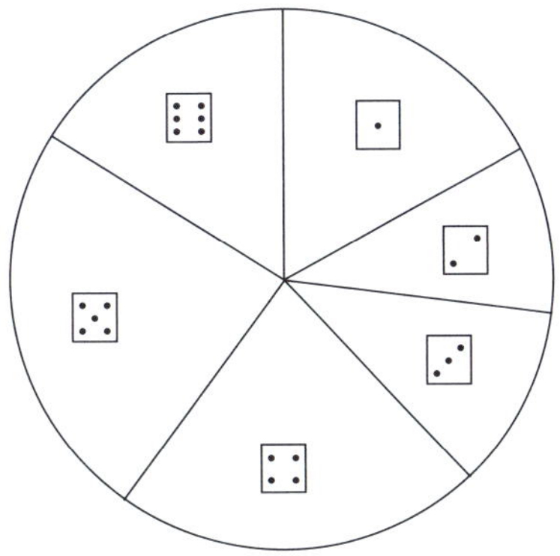

Seite 65

Ich hätte erwartet, dass alle Kreissektoren gleich groß sind!

$$m = \frac{17 + 10 + 11 + 22 + 24 + 16}{6} = \underset{\text{Dezimalzahl}}{16{,}\overline{6}} = \underset{\text{gemischte Zahl}}{16\tfrac{4}{6}}$$

Am nächsten beim errechneten Mittelwert liegen in unserem Beispiel die erzielten Wurfzahlen für die Augenzahlen 1 und 6.

$$m_{1-10} = \frac{1 + 5 + 2 + 0 + 0 + 2}{6} = \underset{\text{Dezimalzahl}}{1{,}\overline{6}} = \underset{\text{gemischte Zahl}}{1\tfrac{4}{6}}$$

Seite 66

Häufigkeit bei den Würfen 1 bis 10

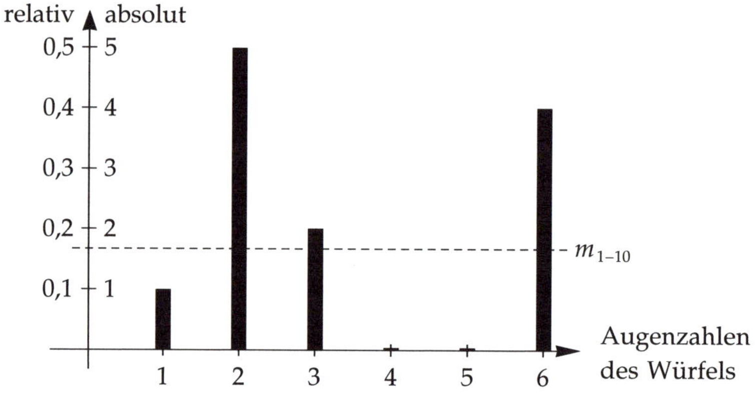

- Die 2 kommt 5-mal so oft vor wie die 1.
- Die 4 und die 5 kommen gar nicht vor.

$$m_{1-20} = \frac{4+6+2+3+1+4}{6} = \underset{\text{Dezimalzahl}}{3,\overline{3}} = \underset{\text{gemischte Zahl}}{3\frac{2}{6}}$$

Häufigkeit bei den Würfen 1 bis 20

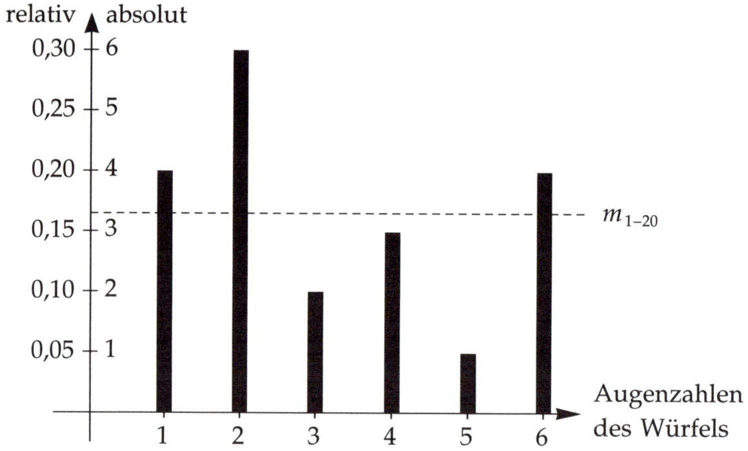

Seite 67

- Die 2 kommt 6-mal so oft vor wie die 5.
- Jede Augenzahl kommt mindestens 1-mal vor.

Wenn wir dieses Zeichnen in Zehner-Schritten bis zum Stabdiagramm für 100 Würfe fortsetzen würden, könnten wir vermutlich feststellen, dass sich die Unterschiede zwischen den Wurfzahlen immer weiter verringern.

Würfe	Augenzahlen					
	1	2	3	4	5	6
⋮	⋮	⋮	⋮	⋮	⋮	⋮
Summe	16	18	16	13	16	21

Würfe	Augenzahlen					
	1	2	3	4	5	6
0–50	10	8	5	11	8	8
0–100	17	10	11	22	24	16
0–150	27	17	20	30	32	24
0–200	33	28	27	35	40	37

Seite 68

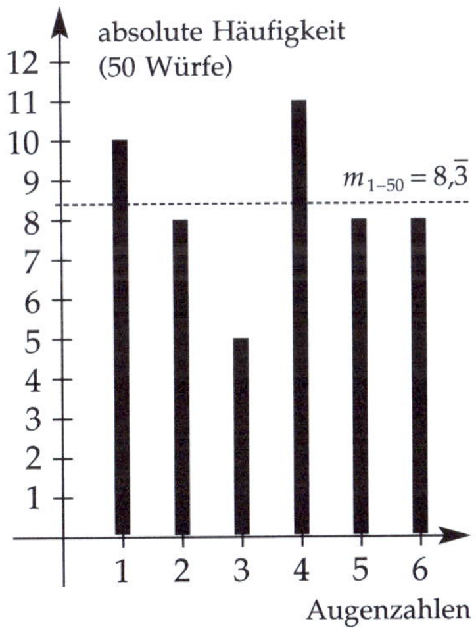

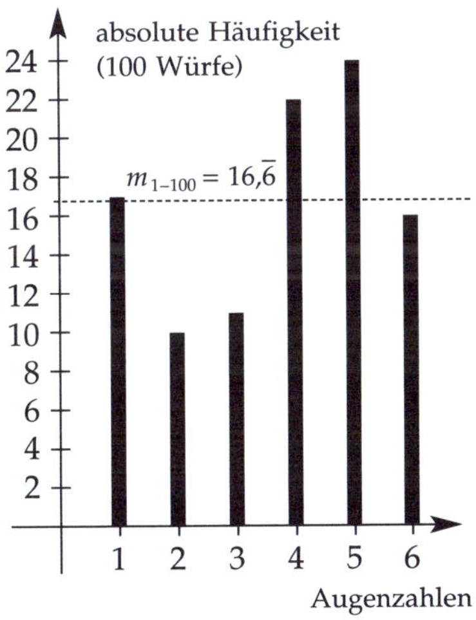

(Seite 68)

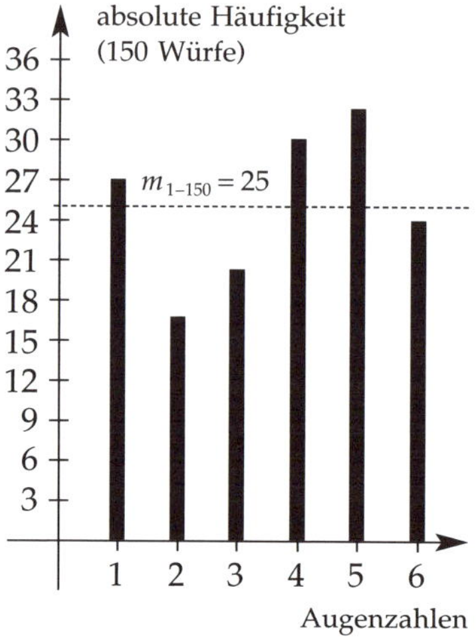

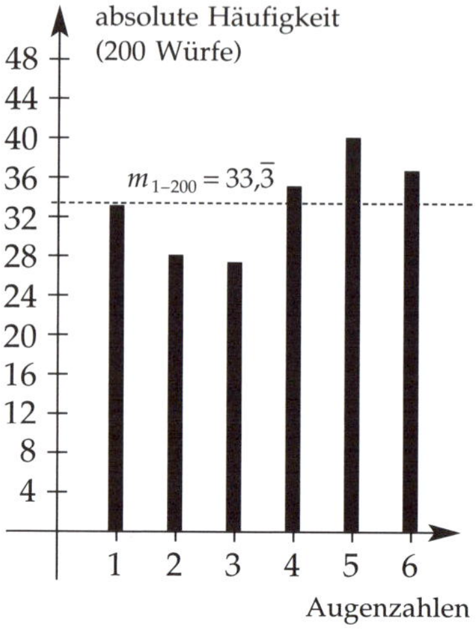

Mit steigender Anzahl der Würfe nähern sich die erzielten Wurfzahlen für die einzelnen Augenzahlen des Würfels immer weiter dem jeweiligen Mittelwert an (Gesetz der großen Zahl).

Seite 69

- Bei 120-maligem Ziehen – mit Zurücklegen – werden etwa 60 Kugeln weiß sein, etwa 40 Kugeln schwarz sein und etwa 20 Kugeln blau sein.
- Die Zahl der schwarzen Kugeln wird etwa doppelt so hoch sein wie die Zahl der blauen Kugeln.

Ziehungen	Farben		
	weiß	schwarz	blau
⋮	⋮	⋮	⋮
Summe	67	40	13

Seite 70

a) Da es 2 Möglichkeiten für ein Ergebnis, nämlich „Kopf“ und „Zahl“ gibt, beträgt die Wahrscheinlichkeit für Kopf:

$$P(\text{Kopf}) = \frac{1}{2} = 50\,\%$$

b) Da es insgesamt 6 Möglichkeiten für das Würfelergebnis gibt, nämlich alle Zahlen von 1 bis 6, beträgt die Wahrscheinlichkeit für die 6:

$$P(6) = \frac{1}{6} = 16,\overline{6}\,\%$$

c) Da die Urne insgesamt 10 Kugeln enthält und hiervon 2 blau sind, beträgt die Wahrscheinlichkeit

$$P(\text{blau}) = \frac{2}{10} = 20\,\%.$$

d) Da das Spiel insgesamt 32 Karten enthält und hiervon 8 Kreuz-Karten sind, beträgt die Wahrscheinlichkeit

$$P(\text{Kreuz}) = \frac{8}{32} = 25\,\%.$$

(Seite 70)

Seite 71

C01

a) $P(\text{schwarz}) = \frac{3}{10} = 30\,\%$ b) $P(\text{weiß}) = \frac{5}{10} = 50\,\%$

c) $P(\text{blau}) + P(\text{schwarz}) + P(\text{weiß}) = \frac{2}{10} + \frac{3}{10} + \frac{5}{10} = \frac{10}{10} = 1$

C02

a) $P(\text{weiß}) = \frac{6}{12} = 50\,\%$ b) $P(\text{schwarz}) = \frac{4}{12} = 33{,}\overline{3}\,\%$

c) $P(\text{blau}) = 100\,\% - P(\text{weiß}) - P(\text{schwarz}) = 100\% - 50\% - 33{,}\overline{3}\% = 16{,}\overline{6}\,\%$

Seite 72

C03

$P(\text{null}) = \frac{12}{32} = 37{,}5\,\%$

C04

$360° - 120° - 30° - 50° - 100° = 60°$

Der Mittelpunktswinkel des dunkelgrauen Feldes beträgt 60°.

$$\Rightarrow \quad P(\text{dunkelgrau}) = \frac{60°}{360°} = \underbrace{\frac{1}{6}}_{\text{Bruchzahl}} = 16{,}\overline{6}\,\%$$

Seite 73

Die Summe aller Wahrscheinlichkeiten für die verschiedenen Ergebnisse eines Zufallsexperiments ergibt immer 1 bzw. 100 %.

Die Wahrscheinlichkeit für ein unmögliches Ergebnis . . . beträgt immer 0 bzw. 0 %.

Die Wahrscheinlichkeit null bedeutet, dass das zugehörige Ergebnis unmöglich ist.

Die Wahrscheinlichkeit für ein sicheres Ergebnis . . . beträgt immer 1 bzw. 100 %.

Die Wahrscheinlichkeit 1 bedeutet, dass das zugehörige Ergebnis sicher ist.

Seite 74

Für ein Ereignis E und das Gegenereignis $\overline{E}$ gilt: $\overline{E} = \Omega \setminus E$
bzw. $E \cap \overline{E} = \{\}$

Beispiel

$$\left.\begin{aligned} E &= \{6\} \\ \overline{E} &= \{1;2;3;4;5\} \end{aligned}\right\} \Rightarrow \Omega = E \cup \overline{E}$$

oder auch $\overline{E} = \Omega \setminus E =$
$= \{1;\, 2;\, 3;\, 4;\, 5;\, 6\} \setminus \{6\} =$
$= \{1;\, 2;\, 3;\, 4;\, 5\}$

(Seite 74) bzw. $E = \Omega \setminus \bar{E} =$

$= \{1; 2; 3; 4; 5; 6\} \setminus \{1; 2; 3; 4; 5\} = \{6\}$

Seite 75

Für die Wahrscheinlichkeiten gilt:

$$P(E) = P(6) = \frac{1}{6}$$

$$P(\bar{E}) = P(\textit{Ich würfle keine } 6) = P(\textit{Ich würfle eine } 1, 2, 3, 4 \textit{ oder } 5) = \frac{5}{6}$$

mit $P(E) + P(\bar{E}) = \frac{1}{6} + \frac{5}{6} = \frac{6}{6} = 1$

C05 $\bar{E}$: *Ich ziehe eine nicht schwarze Kugel =*
= Ich ziehe eine weiße oder eine blaue Kugel

$P(E) = P(\text{schwarz}) = \frac{3}{10}$ und $P(\bar{E}) = P(\text{nicht schwarz}) = \frac{7}{10}$

$$P(E) + P(\bar{E}) = \frac{3}{10} + \frac{7}{10} = 1$$

C06 $P(\text{null}) = \frac{12}{32}$ $\qquad$ $P(\text{nicht null}) = \frac{20}{32}$

$P(\text{nicht null}) = P(10 \text{ oder } 2 \text{ oder } 3 \text{ oder } 4 \text{ oder } 11) =$

$= P(10 \text{ oder Bube oder Dame oder König oder Ass}) =$

$$= \frac{4}{32} + \frac{4}{32} + \frac{4}{32} + \frac{4}{32} + \frac{4}{32} = \frac{20}{32}$$

$P(E) + P(\bar{E}) = 1;$ $\quad P(E) = 1 - P(\bar{E});$ $\quad P(\bar{E}) = 1 - P(E)$

Seite 76

---

2. Würfel / 1. Würfel	1	2	3	4	5	6
1	1 1	1 2	1 3	1 4	1 5	1 6
2	2 1	2 2	2 3	2 4	2 5	2 6
3	3 1	3 2	3 3	3 4	3 5	3 6
4	4 1	4 2	4 3	4 4	4 5	4 6
5	5 1	5 2	5 3	5 4	5 5	5 6
6	6 1	6 2	6 3	6 4	6 5	6 6

Aus dieser Darstellung lässt sich leicht ablesen, dass es insgesamt 36 Ergebnisse gibt.

Das heißt, es gibt $6 \cdot 6 = 36$ verschiedene Ergebnisse.

Seite 77

Denn es gibt 6 verschiedene Augenzahlen.

$P(\text{Pasch}) = \frac{6}{36} = \frac{1}{6}$

Beispiel

a)

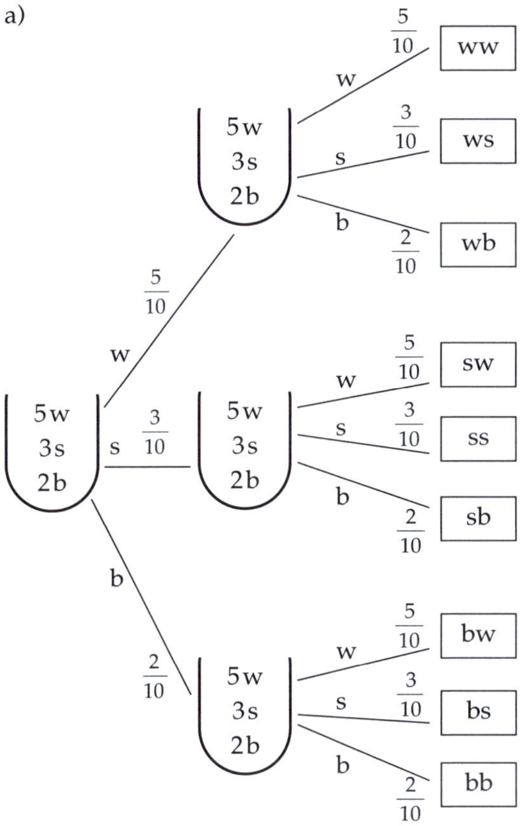

$\Rightarrow P(\text{ww}) = \frac{5}{10} \cdot \frac{5}{10} = \frac{25}{100}$

$\Rightarrow P(\text{ws}) = \frac{5}{10} \cdot \frac{3}{10} = \frac{15}{100}$

$\Rightarrow P(\text{wb}) = \frac{5}{10} \cdot \frac{2}{10} = \frac{10}{100}$

$\Rightarrow P(\text{sw}) = \frac{3}{10} \cdot \frac{5}{10} = \frac{15}{100}$

$\Rightarrow P(\text{ss}) = \frac{3}{10} \cdot \frac{3}{10} = \frac{9}{100}$

$\Rightarrow P(\text{sb}) = \frac{3}{10} \cdot \frac{2}{10} = \frac{6}{100}$

$\Rightarrow P(\text{bw}) = \frac{2}{10} \cdot \frac{5}{10} = \frac{10}{100}$

$\Rightarrow P(\text{bs}) = \frac{2}{10} \cdot \frac{3}{10} = \frac{6}{100}$

$\Rightarrow P(\text{bb}) = \frac{2}{10} \cdot \frac{2}{10} = \frac{4}{100}$

Seite 78

$\Omega = \{\text{ww; ws; wb; sw; ss; sb; bw; bs; bb}\}$

b) ... muss die Wahrscheinlichkeit $P(\text{s}) = \frac{3}{10}$ mit der Wahrscheinlichkeit $P(\text{b}) = \frac{2}{10}$ multipliziert werden!

Nur in 2 Zehntel der Fälle, in denen die erste Kugel schwarz war, ist die zweite Kugel blau! Diese Voraussetzung ist aber nur in 3 Zehntel aller Fälle erfüllt!

c) $P(\text{beide Kugeln gleichfarbig}) = P(\text{ww}) + P(\text{ss}) + P(\text{bb}) =$

$$= \frac{25}{100} + \frac{9}{100} + \frac{4}{100} = \frac{38}{100}$$

Seite 79

a)

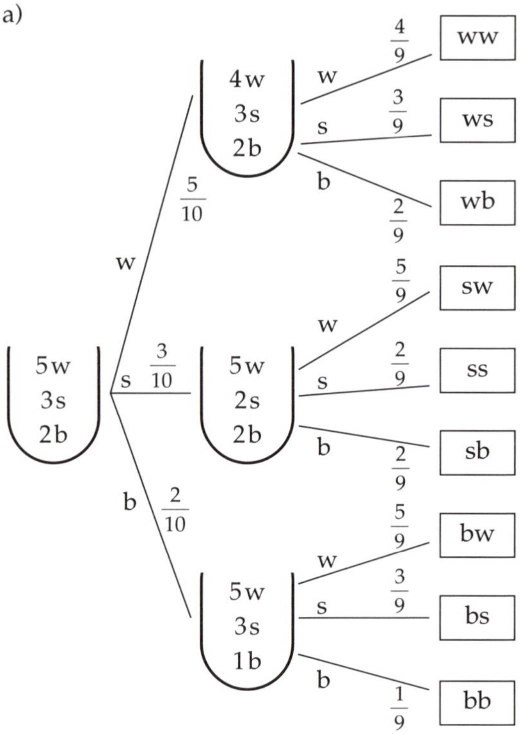

$\Rightarrow P(ww) = \frac{5}{10} \cdot \frac{4}{9} = \frac{20}{90}$

$\Rightarrow P(ws) = \frac{5}{10} \cdot \frac{3}{9} = \frac{15}{90}$

$\Rightarrow P(wb) = \frac{5}{10} \cdot \frac{2}{9} = \frac{10}{90}$

$\Rightarrow P(sw) = \frac{3}{10} \cdot \frac{5}{9} = \frac{15}{90}$

$\Rightarrow P(ss) = \frac{3}{10} \cdot \frac{2}{9} = \frac{6}{90}$

$\Rightarrow P(sb) = \frac{3}{10} \cdot \frac{2}{9} = \frac{6}{90}$

$\Rightarrow P(bw) = \frac{2}{10} \cdot \frac{5}{9} = \frac{10}{90}$

$\Rightarrow P(bs) = \frac{2}{10} \cdot \frac{3}{9} = \frac{6}{90}$

$\Rightarrow P(bb) = \frac{2}{10} \cdot \frac{1}{9} = \frac{2}{90}$

$\Omega = \{ww; ws; wb; sw; ss; sb; bw; bs; bb\}$

Addiere alle Einzelwahrscheinlichkeiten. Die Summe sollte 1 ergeben.

Seite 80

b) **1. Weg**

$P(\text{mind. 1 Kugel schwarz}) = P(ws) + P(sw) + P(ss) + P(sb) + P(bs) =$

$= \frac{15}{90} + \frac{15}{90} + \frac{6}{90} + \frac{6}{90} + \frac{6}{90} = \frac{48}{90}$

2. Weg

$P(\text{mind. 1 Kugel schwarz}) = P(ws) + P(s) + P(bs) =$

$= \frac{15}{90} + \frac{3}{10} + \frac{6}{90} = \frac{15}{90} + \frac{27}{90} + \frac{6}{90} = \frac{48}{90}$

- Beim Ziehen ohne Zurücklegen ändert sich der Inhalt der Urne nach jedem Zug!
- Beim Ziehen mit Zurücklegen bleibt der Inhalt der Urne nach jedem Zug gleich!
- Beim Ziehen ohne Zurücklegen ändern sich bei jedem Zug die Einzelwahrscheinlichkeiten für die jeweilige Farbe!
- Beim Ziehen mit Zurücklegen bleiben bei jedem Zug die Einzelwahrscheinlichkeiten für die jeweilige Farbe gleich!

Seite 81

$P(E) + P(\bar{E}) = 1$ bzw. $P(E) = 1 - P(\bar{E})$

(Seite81)

1. Lösungsweg

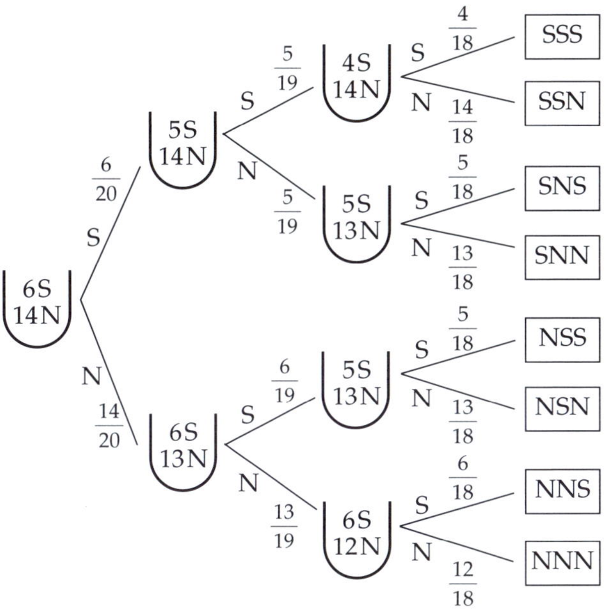

$\Rightarrow P(SSS) = \frac{6}{20}\cdot\frac{5}{19}\cdot\frac{4}{18} = \frac{120}{6840}$

$\Rightarrow P(SSN) = \frac{6\cdot5\cdot14}{20\cdot19\cdot18} = \frac{420}{6840}$

$\Rightarrow P(SNS) = \frac{6\cdot14\cdot5}{20\cdot19\cdot18} = \frac{420}{6840}$

$\Rightarrow P(SNN) = \frac{6\cdot14\cdot13}{20\cdot19\cdot18} = \frac{1092}{6840}$

$\Rightarrow P(NSS) = \frac{14\cdot6\cdot5}{20\cdot19\cdot18} = \frac{420}{6840}$

$\Rightarrow P(NSN) = \frac{14\cdot6\cdot13}{20\cdot19\cdot18} = \frac{1092}{6840}$

$\Rightarrow P(NNS) = \frac{14\cdot13\cdot6}{20\cdot19\cdot18} = \frac{1092}{6840}$

$\Rightarrow P(NNN) = \frac{14\cdot13\cdot12}{20\cdot19\cdot18} = \frac{2184}{6840}$

$P(\text{mind. 1 Schmuggler ertappt}) =$

$= P(SSS) + P(SSN) + P(SNS) + P(SNN) + P(NSS) + P(NSN) + P(NNS) =$

$= \frac{120}{6840} + \frac{420}{6840} + \frac{420}{6840} + \frac{1092}{6840} + \frac{420}{6840} + \frac{1092}{6840} + \frac{1092}{6840} =$

$= \frac{4656}{6840} \approx 68\%$

Seite 82

2. Lösungsweg unvollständiges Baumdiagramm

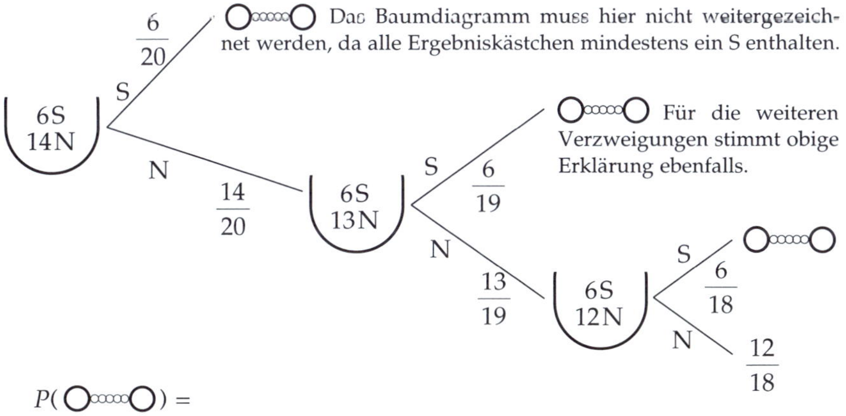

P(O∞O) =

$= P(S) + P(NS) + P(NNS) = \frac{6}{20} + \frac{14}{20}\cdot\frac{6}{19} + \frac{14}{20}\cdot\frac{13}{19}\cdot\frac{6}{18} =$

$= \frac{6\cdot19\cdot18}{20\cdot19\cdot18} + \frac{14\cdot6\cdot18}{20\cdot19\cdot18} + \frac{14\cdot13\cdot6}{20\cdot19\cdot18} = \frac{4656}{6840}$

(Seite 82)

3. Lösungsweg

$P($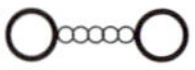$) = 1 - P(\text{kein Schmuggler ertappt}) = 1 - \frac{14}{20} \cdot \frac{13}{19} \cdot \frac{12}{18} =$

$= 1 - \frac{2184}{6840} = \frac{4656}{6840}$

C07

		2. Würfel					
	+	1	2	3	4	5	6
1. Würfel	1	2	3	4	5	6	7
	2	3	4	5	6	7	8
	3	4	5	6	7	8	9
	4	5	6	7	8	9	10
	5	6	7	8	9	10	11
	6	7	8	9	10	11	12

Seite 83

$$P(\text{Augensumme} > 8) = \frac{\text{Anzahl der betrachteten Ergebnisse}}{\text{Anzahl aller möglichen Ergebnisse}} = \frac{10}{36}$$

C08

		2. Würfel					
	mal	1	2	3	4	5	6
1. Würfel	1	1	2	3	4	5	6
	2	2	4	6	8	10	12
	3	3	6	9	12	15	18
	4	4	8	12	16	20	24
	5	5	10	15	20	25	30
	6	6	12	18	24	30	36

$$P(\text{Produkt} < 12) = \frac{19}{36}$$

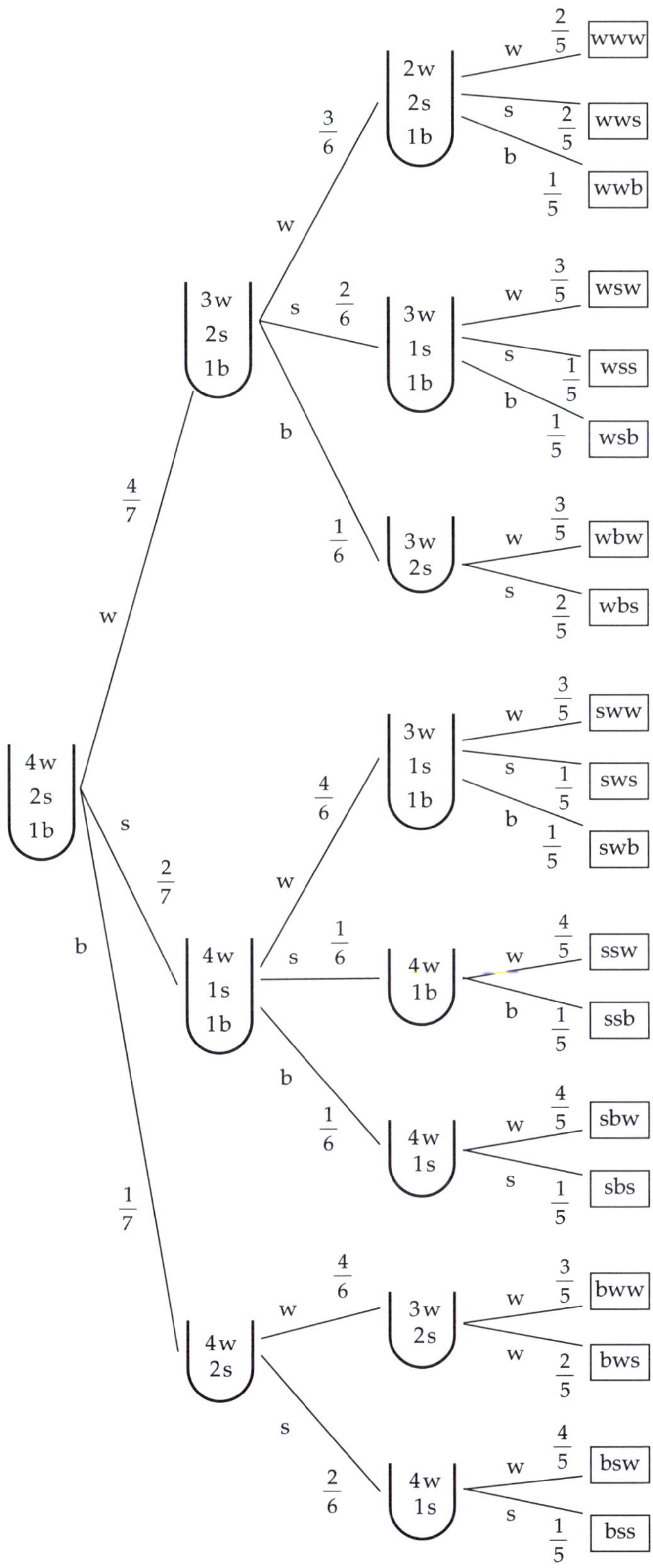

$\Rightarrow P(\text{www}) = \dfrac{4\cdot 3\cdot 2}{7\cdot 6\cdot 5} = \dfrac{24}{210}$

$\Rightarrow P(\text{wws}) = \dfrac{4\cdot 3\cdot 2}{7\cdot 6\cdot 5} = \dfrac{24}{210}$

$\Rightarrow P(\text{wwb}) = \dfrac{4\cdot 3\cdot 1}{7\cdot 6\cdot 5} = \dfrac{12}{210}$

$\Rightarrow P(\text{wsw}) = \dfrac{4\cdot 2\cdot 3}{7\cdot 6\cdot 5} = \dfrac{24}{210}$

$\Rightarrow P(\text{wss}) = \dfrac{4\cdot 2\cdot 1}{7\cdot 6\cdot 5} = \dfrac{8}{210}$

$\Rightarrow P(\text{wsb}) = \dfrac{4\cdot 2\cdot 1}{7\cdot 6\cdot 5} = \dfrac{8}{210}$

$\Rightarrow P(\text{wbw}) = \dfrac{4\cdot 1\cdot 3}{7\cdot 6\cdot 5} = \dfrac{12}{210}$

$\Rightarrow P(\text{wbs}) = \dfrac{4\cdot 1\cdot 2}{7\cdot 6\cdot 5} = \dfrac{8}{210}$

$\Rightarrow P(\text{sww}) = \dfrac{2\cdot 4\cdot 3}{7\cdot 6\cdot 5} = \dfrac{24}{210}$

$\Rightarrow P(\text{sws}) = \dfrac{2\cdot 4\cdot 1}{7\cdot 6\cdot 5} = \dfrac{8}{210}$

$\Rightarrow P(\text{swb}) = \dfrac{2\cdot 4\cdot 1}{7\cdot 6\cdot 5} = \dfrac{8}{210}$

$\Rightarrow P(\text{ssw}) = \dfrac{2\cdot 1\cdot 4}{7\cdot 6\cdot 5} = \dfrac{8}{210}$

$\Rightarrow P(\text{ssb}) = \dfrac{2\cdot 1\cdot 1}{7\cdot 6\cdot 5} = \dfrac{2}{210}$

$\Rightarrow P(\text{sbw}) = \dfrac{2\cdot 1\cdot 4}{7\cdot 6\cdot 5} = \dfrac{8}{210}$

$\Rightarrow P(\text{sbs}) = \dfrac{2\cdot 1\cdot 1}{7\cdot 6\cdot 5} = \dfrac{2}{210}$

$\Rightarrow P(\text{bww}) = \dfrac{1\cdot 4\cdot 3}{7\cdot 6\cdot 5} = \dfrac{12}{210}$

$\Rightarrow P(\text{bws}) = \dfrac{1\cdot 4\cdot 2}{7\cdot 6\cdot 5} = \dfrac{8}{210}$

$\Rightarrow P(\text{bsw}) = \dfrac{1\cdot 2\cdot 4}{7\cdot 6\cdot 5} = \dfrac{8}{210}$

$\Rightarrow P(\text{bss}) = \dfrac{1\cdot 2\cdot 1}{7\cdot 6\cdot 5} = \dfrac{2}{210}$

(Seite 83/84) a) Addiere alle Einzelwahrscheinlichkeiten. Die Summe ergibt $\frac{210}{210} = 1$.

b) $P(\text{verschiedenfarbige Kugeln}) =$

$$= P(\text{wsb}) + P(\text{wbs}) + P(\text{swb}) + P(\text{sbw}) + P(\text{bws}) + P(\text{bsw}) =$$

$$= \frac{4 \cdot 2 \cdot 1}{7 \cdot 6 \cdot 5} + \frac{4 \cdot 1 \cdot 2}{7 \cdot 6 \cdot 5} + \frac{2 \cdot 4 \cdot 1}{7 \cdot 6 \cdot 5} + \frac{2 \cdot 1 \cdot 4}{7 \cdot 6 \cdot 5} + \frac{1 \cdot 4 \cdot 2}{7 \cdot 6 \cdot 5} + \frac{1 \cdot 2 \cdot 4}{7 \cdot 6 \cdot 5} = \frac{48}{210} = \frac{8}{35}$$

Seite 85

Einfacher und kürzer:

$$P(\text{verschiedenfarbige Kugeln}) = 6 \cdot P(\text{wsb}) = 6 \cdot \frac{4}{7} \cdot \frac{2}{6} \cdot \frac{1}{5} = \frac{48}{210} = \frac{8}{35}$$

C10

ASS	ASS

$= P(1.\text{ Ass}) = \frac{4}{32}$ $\qquad P(2.\text{ Ass}) = \frac{3}{31}$

Da bereits ein Ass gezogen wurde, sind nur noch 3 Asse im Spiel.

Es sind ja nur noch 31 Karten vorhanden, wenn bereits 1 Karte gezogen wurde!

$$\Rightarrow P(2\text{ Asse}) = \frac{4}{32} \cdot \frac{3}{31} = \frac{12}{992} = \frac{3}{248}$$

C11

$$P(\text{ww}) = \frac{180°}{360°} \cdot \frac{180°}{360°} = \frac{1}{4} \qquad P(\text{gg}) = \frac{60°}{360°} \cdot \frac{60°}{360°} = \frac{1}{36}$$

$$P(\text{ss}) = \frac{90}{360°} \cdot \frac{90}{360°} = \frac{1}{16} \qquad P(\text{bb}) = \frac{30°}{360°} \cdot \frac{30°}{360°} = \frac{1}{144}$$

Damit gilt: $P(\text{2-mal dieselbe Farbe}) = \frac{1}{4} + \frac{1}{16} + \frac{1}{36} + \frac{1}{144} =$

$$= \frac{36 + 9 + 4 + 1}{144} = \frac{50}{144} = \frac{25}{72}$$

Seite 86

C12 $P(\text{3 Sonnen}) = \underbrace{\frac{1}{6} \cdot \frac{1}{6} \cdot \frac{1}{6}}_{\text{bzw. } \left(\frac{1}{6}\right)^3} = \frac{1}{216}$

C13 $P(\text{5-mal } Z) = \underbrace{\frac{1}{2} \cdot \frac{1}{2} \cdot \frac{1}{2} \cdot \frac{1}{2} \cdot \frac{1}{2}}_{\text{bzw. } \left(\frac{1}{2}\right)^5} = \frac{1}{32}$

C14 (Seite 86)

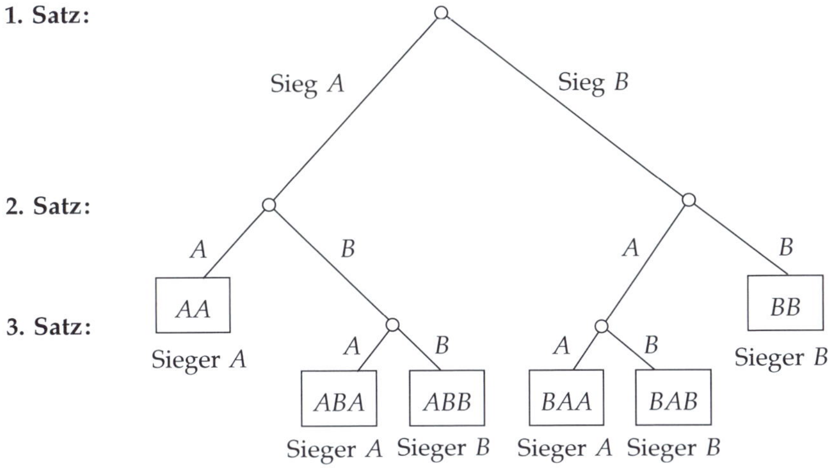

$\Omega = \{AA; ABA; ABB; BAA; BAB; BB\}$

Seite 87

C15

1. Lösungsweg

$$\left.\begin{array}{l}|\Omega| = 8 \\ |E| = 2\end{array}\right\} \; P(E) = \frac{2}{8} = 0{,}25$$

2. Lösungsweg

$$P(ZZZ) = \frac{1}{2} \cdot \frac{1}{2} \cdot \frac{1}{2} \qquad P(KKK) = \frac{1}{2} \cdot \frac{1}{2} \cdot \frac{1}{2}$$

$$P(E) = P(ZZZ) + P(KKK) = \frac{1}{8} + \frac{1}{8} = \frac{2}{8} = 0{,}25$$

Seite 88

C16

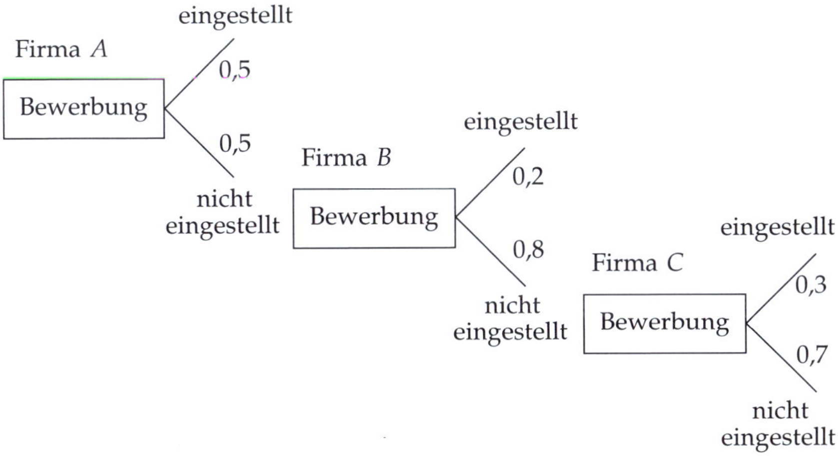

1. Lösungsweg P(eingestellt) = 0,5 + 0,5 · 0,2 + 0,5 · 0,8 · 0,3 =
= 0,72 = 72 %

2. Lösungsweg P(eingestellt) = 1 − P(nicht eingestellt) =
= 1 − 0,5 · 0,8 · 0,7 = 0,72 = 72 %

(Seite 88)

C17 a) $\frac{5}{6} = 83{,}33\,\%$ der Würfeloberfläche sind rot.

b) Es gibt 27 Teilwürfel. Davon haben 2 Würfel keine rote Fläche, 9 Würfel haben 1 rote Fläche, 12 Würfel haben 2 rote Flächen, 4 Würfel haben 3 rote Flächen und kein Würfel hat 4 rote Flächen.
Damit gilt für die Wahrscheinlichkeiten:

$P(\text{0-mal rot}) = \frac{2}{27}$; $P(\text{1-mal rot}) = \frac{9}{27}$; $P(\text{2-mal rot}) = \frac{12}{27}$;

$P(\text{3-mal rot}) = \frac{4}{27}$; $P(\text{4-mal rot}) = 0$

Seite 89

Beispiel

$P(20\,€) = 0{,}1$

$P(0\,€) = 0{,}889$

$P(\text{Gewinn}) = 0{,}001 \cdot 1000\,€ + 0{,}01 \cdot 100\,€ + 0{,}1 \cdot 20\,€ + 0{,}889 \cdot 0\,€ = 4\,€$

Gewinnausschüttung:

$1 \cdot 1000{,}–\,€ + 10 \cdot 100{,}–\,€ + 100 \cdot 20{,}–\,€ + 889 \cdot 0{,}–\,€ = 4000{,}–\,€$

Seite 90

C18 Für jede Augenzahl gilt die einheitliche Laplace-Wahrscheinlichkeit $\frac{1}{6}$; damit gilt für den Erwartungswert:

$$E(X) = 3{,}–\,€ \cdot \frac{1}{6} + 0{,}–\,€ \cdot \frac{1}{6} - 2{,}–\,€ \cdot \frac{1}{6} - 2{,}–\,€ \cdot \frac{1}{6} + 1{,}–\,€ \cdot \frac{1}{6} + 1{,}–\,€ \cdot \frac{1}{6} = \frac{1}{6}\,€ \approx 0{,}17\,€$$

C19 Die verschiedenen Konstellationen, die beim Würfeln mit zwei Würfeln auftreten können, hast du dir im Punkt 5 „Mehrstufige Zufallsexperimente“ (Seite 76ff.) bereits klar gemacht. Unter den 36 Möglichkeiten gibt es 10 Möglichkeiten mit einer Sechs und genau eine Möglichkeit, dass beide Würfel eine Sechs zeigen.
Damit gilt für den Erwartungswert:

$$E(X) = 3{,}–\,€ \cdot \frac{10}{36} + 6{,}–\,€ \cdot \frac{1}{36} = 1{,}–\,€$$

Damit die Bank nicht draufzahlt, muss der Einsatz ebenfalls 1,– € betragen.

C20 $$E(X) = 3 \cdot \frac{1}{6} + 6 \cdot \frac{1}{6} + 9 \cdot \frac{1}{6} + 12 \cdot \frac{1}{6} + 15 \cdot \frac{1}{6} + 18 \cdot \frac{1}{6} = 10{,}5$$

C21 *(Seite 90)*

Die verschiedenen Ergebnisse beim Werfen von drei Laplace-Münzen kannst du bei der Aufgabe C15 ablesen.
Es gibt 8 Ergebnisse und die Bank muss bei den beiden Kombinationen *KKK* und *ZZZ* jeweils 5,– € ausbezahlen, wobei die Bank aber bei jedem Spiel 1,– € einnimmt. Deshalb muss bei der Berechnung des Erwartungswertes die Einnahme mit der Gewinnauszahlung verrechnet werden.
Man kann auch sagen, dass die „Nettoauszahlung" 4,– € beträgt:

$$E(X) = -4{,}\text{–}\,€ \cdot \frac{2}{8} + 1{,}\text{–}\,€ \cdot \frac{6}{8} = -0{,}25\,€$$

Doris sollte sich also für die Rolle der Spielerin entscheiden.

Zweiter Lösungsweg:
Für die Bank gilt, dass bei 8 Spielen die Ausgaben durchschnittlich 10,– €, die Einnahmen aber nur 8,– € betragen.

Mathematische Zeichen und Abkürzungen

$\mathbb{N}$	Menge der natürlichen Zahlen $\mathbb{N} = \{1; 2; 3; 4; \ldots\}$
$\mathbb{N}_0$	Menge der natürlichen Zahlen einschließlich der Null $\mathbb{N}_0 = \{0; 1; 2; 3; 4; \ldots\}$
$\mathbb{Z}$	Menge der ganzen Zahlen $\mathbb{Z} = \{\ldots -3; -2; -1; 0; 1; 2; 3; \ldots\}$
$\mathbb{Q}$	Menge der rationalen Zahlen (Zur Menge der ganzen Zahlen kommen noch die Brüche hinzu.)
$\mathbb{Q}^+$	Menge der positiven rationalen Zahlen
$\mathbb{Q}^-$	Menge der negativen rationalen Zahlen
$\mathbb{R}$	Menge der reellen Zahlen (Zur Menge der rationalen Zahlen kommen noch die irrationalen Zahlen, z. B. $\sqrt{2}$; π …, hinzu.)
{ } oder $\emptyset$	leere Menge
$\{a; b; c\}$	Menge mit den Elementen a, b und c
$\{x \mid \ldots\}$	Menge aller x, für die gilt … bzw. Menge aller x mit der Eigenschaft …
$\mathbb{G}$	Grundmenge
$\mathbb{D}$	Definitionsmenge
$\mathbb{L}$	Lösungsmenge
$\setminus$	ohne; z. B.: $A \setminus B$ Menge A **ohne** Menge B
$\in$	… Element von …
$\notin$	… nicht Element von …
$\subseteq$	… Teilmenge von …
$\subset$	… echte Teilmenge von …
$\cup$	… vereinigt mit …
$\cap$	… geschnitten mit …
$\vee$	… oder auch …
$\wedge$	… und zugleich …
$\neg$	nicht … bzw. Verneinung
$=$	… gleich …
$\neq$	… nicht gleich …
$\hat{=}$	entspricht

$>$	… größer als …
$\geqq$	… größer oder gleich …
$<$	… kleiner als …
$\leqq$	… kleiner oder gleich …
$\approx$	… ungefähr gleich …
$\sim$	… direkt proportional … bzw. … ähnlich zu …
$\Rightarrow$	aus … folgt bzw. wenn … dann …
$\Leftrightarrow$	… äquivalent … bzw. … genau dann, wenn …
$\lvert a \rvert$	(absoluter) Betrag von a
$\sqrt{a}$	Wurzel aus a
f, g, h …	Funktionen
$f^*; f^{-1}$	Umkehrfunktion
$P, A, B,$ …	Punkte
$P(x \mid y)$	Punkt P mit den Koordinaten x und y
$g, h,$ …	Geraden
PQ	Gerade durch P und Q
$[PQ$	Halbgerade durch Q mit dem Anfangspunkt P
$[PQ]$	Strecke mit den Endpunkten P und Q
$\overline{PQ}$	Länge der Strecke $[PQ]$
$k(M; r)$	Kreislinie mit dem Mittelpunkt M und dem Radius r
$\sphericalangle PQR$	Winkel mit dem Scheitel Q und dem ersten Schenkel $[QP$ und dem zweiten Schenkel $[QR$ bzw. Maß dieses Winkels bzw. Größe dieses Winkels
$\alpha, \beta, \gamma, \varphi, \psi, \omega$ …	Maße von Winkeln
$\perp$	… senkrecht auf … bzw. … orthogonal zu … bzw. …rechtwinklig zu …
$\parallel$	…parallel zu …
$\cong$	…kongruent zu …

$\overrightarrow{PQ}$	Vektor
$\vec{a}$	Vektor
$\lvert\vec{a}\rvert$ oder a	Länge des Vektors $\vec{a}$
$\begin{pmatrix} a \\ b \end{pmatrix}$	Vektor mit den Komponenten a und b bzw. den Koordinaten a und b
$\xmapsto{a}$	… wird durch eine Achsenspiegelung an der Achse a abgebildet auf …
$\xmapsto{Z}$	… wird durch eine Punktspiegelung am Punkt Z abgebildet auf …
$\xmapsto{D;\,\varphi}$	… wird durch eine Drehung um den Punkt D mit dem Drehwinkel φ abgebildet auf …
$\xmapsto{\vec{a}}$	… wird durch die Verschiebung um den Vektor $\vec{a}$ abgebildet auf …
$\overset{\frown}{S_1S_2}$	Kreisbogen von S_1 nach S_2 (gegen den Uhrzeigersinn)
⦜	rechter Winkel bzw. Winkel mit 90°
$d(P; g) = 2\text{ cm}$	Abstand des Punktes P von der Geraden g gleich zwei Zentimeter

$\sphericalangle (g; h)$	Winkel mit dem ersten Schenkel g und dem zweiten Schenkel h
w_α	Winkelhalbierende des Winkels α
h_c	Höhe auf die Seite c
m_c	Mittelsenkrechte der Seite c
$\triangle ABC$	Dreieck mit den Eckpunkten A, B und C
$\mathbb{E}$	Ebene
q	Abbildungsmaßstab
ω	Abbildungswinkel
V	Volumen bzw. Rauminhalt
A	Flächeninhalt
E	Ereignis
m	Mittelwert
Ω	Ergebnisraum
$\bar{E}$	Gegenereignis
$P(E)$	Wahrscheinlichkeit von E
$\lvert E\rvert$	Mächtigkeit von E
σ	Streuung bzw. Standardabweichung
$E(x)$	Erwartungswert von x
$mA(x)$	mittlere Abweichung von x
$Var(x)$	Varianz von x

Quellenhinweis

Aufgabe A12 (S. 37), Beispiele S. 55–57 und Aufgabe C17 (S. 88) wurden in veränderter Form übernommen aus den KMK-Bildungsstandards im Fach Mathematik für den Mittleren Schulabschluss (4. 12. 2003), mit freundlicher Genehmigung der Walter Kluwer Deutschland GmbH, Neuwied.

Stichwortverzeichnis